生きるのが驚くほど楽になる
自愛メソッド

ethod

完全版

KAIUNDO
開運堂どんどん
DONDON

みらい PUBLISHING

はじめに

なぜ、現実は変わらないのか。なぜ、現実は動かないのか。なぜ、苦しいことが起きるのか。この状況をなんとか乗り切りたい。すべての苦しみから解放されたい。自由に幸せになりたい。

そう思って、さまざまな門を叩き、これはと思う本を読み、実践し、セミナーやセッションを受けた経験のある人は、たくさんいるでしょう。「ポジティブシンキング」や「引き寄せの法則」がうまくできないのは、なぜでしょうか。いろいろ試しても、根本が変わらない。あるいは、途中までうまくいっても続かない。

でも諦めなくていい、この本を読んで実践すれば必ず現実は動きます。

なぜなら、わたし自身が、実践者だからです。そしてわたしのセミナーの受講生たちも、大変な逆境から人生を切り開いてきたのです。本当にそんなメソッドがあるのかと思っているみなさん、この本に書かれている体験談を読んでください。つい最近まで不幸のどん底にいた人・外では明るくしていても心の中で泣いていた人・何をやってもうまくいかず諦めかけていた人…。そんな人たちが笑顔を取り戻し、自分の人生を生きるようになった奇跡の体験談が出てきます。えっ、本当に⁉　と思うような奇跡のビフォーアフターもあります。

でも、その人たちだけが特別なのではありません。今、読んでくれているあなたと同じ、もしくはもっと深い絶望の淵にいた人たちです。ただ、少し勇気を出して、扉をノックしたのです。そして、実践したのです。

実は、わたしも、何をやっても現実が動かないことに悩む一人でした。

わたしは、1959年11月11日に、厳格で真面目な経営者の父、精神疾患があることを隠したまま結婚したお嬢様育ちの母、繊細で優しい6歳年上の兄の家族の下に、横浜で生まれました。

わたしが21歳のときのことです。統合失調症（当時は精神分裂症と呼ばれていた）で入院していた母が心臓発作で1月に急死。6月には、母と同じく統合失調症となっていた兄が横浜駅で飛び込自殺を図り、命は助かりましたが両足を切断。

精神だけでなく肉体的にも障害者となってしまいました。そして、その年の12月に医師から父が腎臓がんの末期で余命半年と死の宣告を受けたのです。度重なる不幸に、何かの祟りか呪いなのだろうか…。次は、わたしの番か…。そんなことを考える日々でした。

思えば、その時からわたしの真理の探究の道が始まったのです。その後、亡くなった父の後を継いで、24歳で経営者となったわたしは、30年かけてどうしたら人生を改善できるのか、どうしたら幸せになれるのか、どうやって現実を動かすことができるのかを、探求したのです。

まだ「引き寄せの法則」や「予祝」という言葉がない時代に実践していました。霊能者のお弟子になってさまざまな修行をしてみたり、仏陀が悟りを開いたという瞑想法の実践もしたりしました。トータル3000万円は使ったと思います。途中バブルが崩壊し、経営の無謀な拡大路線が裏目となり10億円という借金を背負いましたが、そのことすら、「自愛メソッド」の創始にたどり着くために必要な完璧な出来事だったと今では思っています。

15年前には「ホ・オポノポノ（ハワイ発祥の記憶をクリーニングする方法）」と出会い、2冊の本を書かせていただきました。おかげさまで、ベストセラーとなり、全国を講演して回るようになりました。

そして10年前に、さらにシンプルに現実の世界のみに焦点をあてた「自愛メソッド」を確立。最初の本「幸せを呼ぶ自愛メソッド」は、今では当たり前になった量子力学や脳科学の理論を取り入れました。

出版後、2万人のカウンセリング経験を踏まえ、さらに発展・進化を続け、4年前に7日間の「自愛ＺＯＯＭ合宿」という画期的なセミナーを開始。わずか7日間で現実を動かすことができるメソッドまでに昇華させたのです。

「自愛メソッド」の根底にあるのは「わたしたちは完璧な存在である」という概念です。この「完璧」という概念は「100％理想通り」という意味ではなく、「どんな自分でも完璧」という意味です。ダメダメな自分でもＯＫなのです。そして、「自分で自分を癒す」「あなたがあなたを癒せる」のです。

現実が動かないのでは、意味がありません。
わたし自身も、苦しい状況から幸せを感じる現実へと動いていきました。今どんな状況だったとしても、自分の人生を生きることができます。

あなたは、あなたでいいのです。
あなたがいいのです。

わたしはわたし。他の何者でもない。

開運堂どんどん

もくじ

第6章　あなたは欠陥人間ではない

あなたの現実は、なぜ動かないのか

不安で厳しい現実からなんとか脱出したいと思っていると、それを救ってくれそうな情報が、不思議なほど飛び込んで来る時代です。

「一瞬で○○になれる」「これだけで○○になる」「持つだけで○○を未然に防ぐ」

そんな魔法はありません。

「今年は大殺界だから新しいことはできない」「○○の方角は今年悪いからそちらの方角の旅行にはいけない」「今日のラッキーカラーのアイテムを身に着けるのを忘れたので早く帰る」

そんなことで、チャンスを逃さないでください。

「節分までに○○をしないと○○できない」「夏至までに○○を手放さないと○○に乗り遅れる」「ライオンズゲートが開いているうちに○○しないといけない」

宇宙に制限なんてありませんよ。

はっきり申し上げましょう。この世のスピリチュアルのほとんどが逃避と依存の世界なのです。

わたしは、現実が動かない、依存と逃避のそういう類のスピリチュアルを「ふわふわスピリチュアル」と呼んでいます。

ちょっと気分がすっきりし、明るくなった気がするだけです。現実は、1ミリも動いていません。

現実を動かすことができないことを信じても、お金と時間の無駄です。

不安をなくしたい、自由になりたい、親の呪縛から逃れたいと思って始めたスピリチュアルが、いつしかあなたに制限を創り、逆に不自由になっていませんか。

そろそろ目覚めましょう。

おかしな「ふわふわスピリチュアル」の世界から脱出して、本当の自由を手に入れませんか。

わたしと一緒に、「自愛メソッド」で、さあ現実を動かしましょう。

第1章
自分を愛するとは

自分を愛するだけのために
人生を生きるとしても
それだけの価値はある。

変わりたい、変えたいのに変わらない理由

この本を手に取ったほとんどの方が「自分を変えたい」「あの人を変えたい」と思っているると思います。

そして、ほとんどの方が「自分のことが嫌いだ」「自分はこのままではダメだ」「いつも不安でいっぱい」と思ったり、「親が嫌いだ」「あの人をなんとか変えなくては」「いつもディスられる」と思ったりして、今まで生きてきたことでしょう。

そんな毎日を過ごしているわけですから、「自分を変えたい」「あの人を変えたい」と思うのは、当然でしょう。

自己啓発に「自分が変われば人生が変わる」「自分が変われば相手も変わる」という教えがよくありますが、果たして本当でしょうか。

わたしたちは、そのような情報に惑わされて、いつしか「変わりたい病」「変えたい病」になってしまい、毎日「早く変わらないといけない」「早くあの人を助けないといけない」と思って焦っているのです。それが実は、「自分を愛すること」とは真反対のかけ離れ

た方向に行っているのです。この「今と違う自分になる」という考え自体が、「ありのままの自分を認めない」ということに繋がり、実は、自分を大切にしていないことになるのです。

なぜだか、おわかりでしょうか。

「変わりたい」「変えたい」ということは、「今のままの自分は不完全だ」「今のままのあの人は不完全だ」と宇宙に宣言していることになります。

つまり、「変わりたい」と思えば思うほど、「変えたい」と思えば思うほど、自分は変わらないし、あの人も変わらないのです。

だから、ずっと同じ状態が続いているのです。だから、何も変わらなかったのです。

では、どうしたらいいのでしょうか。簡単に言うと、ふたつのことをするだけです。

ひとつは、自分のことを「完璧」だと思うことです。これは普通の日本人が言っている「完璧」という言葉の意味とは違う「自愛メソッド」の中核をなす概念なので、後でゆっくりと説明します。もうひとつは、自分の性格や信念となってしまった「ネガティブな記憶」を手放すことです。これも今話を聴いてもよくわからないと思いますので、後でゆっくりと「現実を動かす7日間の実践ワーク」のなかで説明します。

このふたつのことをやれば、一瞬でもなく、簡単ではありませんが、一週間で現実は動きます。

自分を愛するとは、どういうことか

わたしたち日本人は、小さい頃から親や周囲の人に、「もっと気を使いなさい」「人の役に立ちなさい」「感謝される人になりなさい」と言われて育ちました。

だから、どうやったら他人に認めてもらえるか、喜んでもらえるか、気に入ってもらえるか、親に褒めてもらえるか、感謝されるか、いい子と思われるか、それだけを考えて生きてきた方も多く、他人への気づかいで価値が決まると思ってきたので、「自分を愛するという意味がわからない」と言う方もかなりいるのです。

そういう方々にとっては、人にどう思われるかが主体、つまり、他人軸なので、その生き方自体、考え方自体が当たり前で良いことだと信じています。他人に尽くして「滅私」することがなぜいけないのか、むしろ尊いことではないかと考えているのです。

「自分を愛する」とは一言で言えば、自分を大切にすることです。他人はもちろんのこと、家族や友人、そしてマスメディアやSNSなどの情報にも左右されず、自分自身の考えをしっかりと持ち、自分を後回しにして、我慢したり、頑張ったりせずに、自分の意見をしっかり言えて、自分の判断で決断し、行動ができることです。

これは、「個」を主張するよりも、協調が重んじられ、みんなと同じが無難で、自分というものが曖昧な日本人の文化には、難しいことなのかもしれません。

その日本的な曖昧な「個」の文化から一歩踏み出て、自分軸の自立した「個」を確立することをおススメする本なのです。

つまり、日本人の創造的な破壊です。

そして、「個」を確立する上で、最大の障害が過去の記憶です。それも幼少期に親などから言われたさまざまなネガティブな記憶です。

例えば、「お姉ちゃんだから我慢しなさい」「なんでお前は他の子のようにできないの」「今、忙しいと言ったでしょ」「ワガママばかり言うんじゃないの」「金食い虫だね」と言われると、自分は「個」を主張してはいけない、能力のない、お金をかける価値のない人間だと思い込んでしまいます。それがネガティブな性格や信念となってしまいます。

その幼少期の記憶を手放すことが、誤った性格や信念を正し、もっと自由に生きることができるようになる、つまり、自分を愛せるようになるのです。

わたしの本を読んだり、セミナーを受けたりした人の多くが、「気づいたら生きるのが楽になっていた」「自然と言いたいことが言えた」「周りの人が優しくなった」と言っています。自ら何かを努力をしたわけでもなく、相手と会話をしたわけでもなく、手紙を書いたり、メールをしたりしたわけでもありません。

自分を愛するとなぜ人生はうまくいくのか

今、書店のスピリチュアルコーナーに行けば、たくさんのジャンルの本を売っています。「引き寄せの法則」に始まり、竜神やさまざまな神様、霊魂、カルマ、前世、天使、精霊、陰謀論など、どれも読めばそうかなと思うことばかり…。

しかし、わたしに言わせれば、宇宙のルールはたったひとつ。

それは何かと言うと、「宇宙は、自分が自分のことを思っている通りに、自分のことを扱う」ということです。

なぜそうなるかを理論的に言うと、脳科学や量子力学の視点から考えれば、わたし＝脳＝宇宙ですから、「宇宙は、自分が自分のことを思っている通りに、自分のことを扱う」のです。つまり、「自分は価値がない」「自分は愛される存在ではない」と思っていると、そのようにパートナーからも、家族からも、職場でも、友達からも、社会からも扱われるということです。

「自分は価値がない愛される存在ではない」のですから、当然健康状態もあまり良くありません。そして、「自分は価値がない愛される存在ではない」のですから、今度は経済状態もあまり良くないですね。

これが逆に、「自分は価値がある」「自分は愛される存在だ」と思っていると、そのようにパートナーからも、家族からも、職場でも、友達からも、社会からも扱われるということです。「自分は価値がある愛される存在」なのですから、当然健康状態も良いです。そして、「自分は価値がある愛される存在」なのですから、今度は経済状態も良いはずですよね。

このように自分を愛することはとても大切でシンプルなことなのに、なかなかみなさんがやってくれないのです。なぜかもっと複雑でお金のかかることをしたがるのです。

気づかいとそんたくの国、日本の文化がどうしても邪魔をしているのです。わたしが日本で自分を愛することの大切さを言い始めてから、すでに15年ほど経過している（恐らく日本で最も古い）のに、自分を愛することはブームになりそうでなりません。

唱えていても、何か自分が好きなことをするだけのように浅くとらえがちです。記憶がどれくらい自分を愛することの邪魔をしているかの視点が欠落しているので、わたしに言わせれば、自分が記憶からやりたいと思っていることをただやるだけの中途半端な自愛になっているのです。

だから、現実を動かすような自愛にまでなっていないのです。

自分を愛するとなぜ現実が動くのか

自分を愛するとなぜ現実が動くのか、脳科学と量子力学から論理的に説明しましょう。

わたしは、「自愛メソッド」を創始した10年以上前から、今では日本でも当たり前になった脳科学や量子力学の観点から理論的に説明をしていました。わたしは、わたしたちの過去の記憶に着目しています。それも特に幼少期の親との記憶に着目しています。わたしたちの記憶は、すべて脳のなかの海馬という部分に蓄積されていて、その記憶は知覚できる記憶（顕在意識）と知覚できない記憶（潜在意識）に分類されます。

そして、潜在意識は、顕在意識の数十倍（脳科学者によっては数万倍という説を唱える人もいます）の膨大な量なのです。

わたしたちの脳はこの「海馬」に記憶されているデータが事実であろうがなかろうが、あたかも事実であるかのように認識するという習性があります。

そして、脳が潜在意識のなかで信じ込んでいることが実際に起きてくるのです。これを「思考が現実化する」とか、「引き寄せの法則」とか呼んでいるのです。

わかりやすくするために、海馬に保存されているデータ（記憶）をパワーポイント、脳をプロジェクター、現実の世界をスクリーンに映し出される画像に例えてみましょう。パワーポイントの内容がスクリーンに映し出されるように、海馬に記憶されている通りに、現実の世界が創造されていきます。つまり、自分を愛することによって、記憶が書き換われば、プロジェクターによって映し出される現実の世界が変わって創造されるのです。だから、現実が必ず動くのです。

もちろん、個人一人の想念がすべて現実化はしません。例えば、日本で起きている現象はわたしたち日本人全員の共同創造です。

また、ポジティブなことだけが現実化するものでもありません。例えば、不安や心配、恐れていることも現実化するのです。このことに気づいて、「潜在意識の書き換えワーク」とか「過去のトラウマの書き換えセッション」のようなことをされている方もいるようですが、わたしに言わせれば、やり方が甘いのです。ましてや、幼少期の両親の記憶を専門に扱っている方はほとんどいないと言っていいでしょう。

それどころか、「過去のネガティブな記憶は見ないで、未来だけ見ましょう」「ワクワクすることだけ考えればいいのです」みたいな教えが多いので、気分が一瞬良くなるだけで、現実を動かすところまでいかないのです。

現実を動かす作業は、ネガティブな幼少期の記憶と向き合うという辛い地道な作業なので、ついついつい耳障りの良い安易な道に流されていってしまうのです。

第2章
自愛メソッドの5つの考え

この宇宙は、
すべて完璧に創られている。
そして、すべて愛である。

1 宇宙は完璧に創られている

この宇宙はすべて完璧に創られています。

ですから、わたしも完璧。あなたも完璧。すべては完璧なのです。

でも、そう言うと多くの人から、「コロナもあるし、ロシアのウクライナ侵攻もあるし、幼児虐待の話も毎日のように起きているし、一体どこが完璧なのですか」と質問されそうです。ここで、わたしが言っている「完璧」という言葉の意味は、多くの日本人が使っている「完璧」とはニュアンスが違います。

普通の日本人が「完璧」という言葉を使う場合は、「理想の通りに物事が起きている」とか「完璧主義の完璧」という意味で使います。つまり、すべて完全で、問題などは何ひとつないという意味で、使っているのです。

これに対して、わたしが言っている「完璧」の意味は、「ありのままでいい」「そのままでいい」という意味で使っているのです。ですから、どんなポンコツなわたしでも、どうしようもないあの人でも、ゴミ屋敷のような酷い環境でも、「ありのままでいい」「そのままでいい」のですから、「完璧」なのです。

「ありのままでいい」「そのままでいい」と言っても、「全然完璧と思えない」と言うあなた、もう一度文章を読んでください。「ありのままでいい」ということは「ポンコツのままでいい」ということなのです。「そのままでいい」ということは、「どうしようもないままでいい」ということなのです。

そんなこと言ったら、「向上心がなくなる」「目標もいらなくなる」と言うあなた、完璧な存在であるわたしたちに、どうして「向上心」や「目標」が必要なのでしょうか。

第1章で述べたように「わたしたちは変わらなくていい」のです。

そして、不思議なことに「完璧」と心の中で唱えていると、その人やそのものが本来の姿に戻っていくのです。すべてが中和されていく感覚があります。

これは、わたしは、仏陀が2500年前に悟りを開いたことと同じではないかと思っています。

難行苦行に意味がないことを悟った仏陀は、すべての問題や苦しみ（これを仏教では「四苦八苦」という）の原因が自分の〝そと〟にあるのではなく、自分の〝なか〟にあることを悟るのです。すべての問題の原因は、心のありよう（解釈）にあると気づくのです。

つまり、すべてが「完璧」なのですから、すべてが中和されて「フラット」になり、瞬時にして問題や苦しみの原因は消えるのです。

2─わたしたちは創造主

わたしたちの想念はすべて現実化しています。

なぜなら、わたしたちひとり一人が創造主だからです。ある意味、神とも言っていい存在なのです。

読者のなかには、わたしたちが、吹けば飛ぶような弱弱しい木の葉のような存在だと思っている人がいるかもしれませんが、事実は逆で、とてもパリフルな存在なのです。想念が現実化する、わたしたちは神と聞くと、「わーい。やったー」と思うかもしれません。しかし、喜ぶにはまだ早いです。実は、不安や心配などネガティブなことも含めて、すべての想念が現実化しているのです。むしろ、ネガティブなことを想っている時間の方が多いかもしれません。

例えば、日ごろからお金がないないと思っていて、買い物をするたびに「ああ、また、お金を使っちゃった」と思ったり、「今月のカードの支払いが大変」と決済日が近づくと憂鬱になったりと、いつもお金の心配ばかりしているのに、突然、「引き寄せの法則」でお金持ちのイメージをしようと、寝る前の1日5分だけ「お金持ち」のイメージをしても、それはお金持ちにはなりません。なぜなら普段からお金の心配をしているからです。

あるいは、独身の女性で、普段は「男の人は暴力的で怖い。浮気する人多いし、気持ち悪い」と思っているのに、「イケメンで高学歴。お金持ちで優しい白馬の王子様来ないかしら」と、寝る前の1日5分だけイメージしても王子様は現れないのです。なぜなら普段から男性に対してネガティブな感情でいるからです。

実は、思考はコントロールできません。1日5万~6万個の思考が浮かぶと言われていますが、わたしたちが意識して考えているのはホンの一握りです。ほとんどが過去の記憶が浮上しているのです。何かを見たり、聞いたりしたときに、過去の類似したデータ（記憶）が連想して浮かぶだけなのです。それをわたしたちは、自分で意識して考えていると思っているのです。

そこで、ネガティブな想念が浮かぶのを防ぐために大切なのが記憶のお掃除です。想念のほとんどが過去の記憶（データ）が浮上しているだけなのです。過去に溜め込んでしまったネガティブな記憶を消去することが、欲しい未来を創造するために必要なのです。

「引き寄せの法則」を否定するわけではありませんが、「引き寄せ」をする前に大切なのが「記憶のお掃除」なのです。「記憶のお掃除」をせずに、「引き寄せの法則」を使うことは、まるでゴミの上に御殿を建てるようなものなのです。

3 自分ファースト

自分ファーストとは、わたしが創った造語ですが、日本人が最も不得意とする考えです。というのも、わたしたち日本人は、子供の頃から家庭や学校で、親や先生から「個」である自分を後回しにして、「人の役に立ちなさい」「気を使いなさい」「協調性を持ちなさい」と言われて育っているからです。テレビを見ても、ネットを見ても、「気づかい」や「人の役に立つこと」や「おもてなしの精神」が賞賛されています。日本では、みんなと同じが良いこととされ、個人を主張することは、ワガママと言われて、許されません。それが最近問題となっている「同調圧力」です。

人に寄り添うことが大切だという考えを否定するものではありませんが、他人に寄り添うあまり、一番寄り添うべきはずの人間である「自分」をないがしろにして、我慢し頑張り続けるのは本末転倒ではないでしょうか。

実は、日本人が「自分ファースト」をできなくさせている根源を調べていくと、日本固有の古い伝統にたどり着きます。それは何かと言うと、日本に古くから残る「家制度」です。誰があとを継ぐのか、誰がお墓を守るのかという考えです。「家制度」をさらに調べていくと、なんと元は、孔子が生んだ親や先人を敬う儒教から始まっています。

孔子は、キリスト、仏陀、マホメットと並ぶ世界四大聖人と称する人もいるくらいの人で、日本では高く評価されています。ところが、孔子が生まれた本家本元の中国では、共産党が政権を握っている関係で、「封建制度を支えた天下の大悪人」として、一度否定されているのです。なぜ「封建制度を支えた」と言われているのかと言えば、君主や国に忠義を尽くすことを善としたからです。日本で「儒教」は、江戸時代に、「朱子学」

として発展し、誰が藩を守るのか、家を継ぐのか、というところが強化され、現在、一般庶民にまで、その影響が色濃く残っています。

家を継ぐ、墓を守るという考えから、一般的に後を継ぐのが男性であることから男尊女卑の考えの源となり、特に女性が家を守るために、「個」を殺して、我慢し苦しむ原因ともなっています。韓国も、李王朝の時代に、儒教が重んじられ、その影響が強く残っています。日本以上に少子化が進んでいるのは、実は「家制度」があるからだと、わたしは思っています。

このように、儒教の考えの一部が強化された「家制度」の伝統文化が、日本人に深く浸透し、自分ファーストを日本人にやりにくくさせているのだと思います。「自分ファースト」こそ、わたしは「個」を大切にする自愛の神髄だと思っています。

4 母親の記憶を女性に投影する

わたしたちが世の中で最初に出会った女性は、母親です。わたしたちは、無意識のうちに幼少期の母親の記憶を女性に投影します。幼少期に母親がヒステリックだとすると、職場に母親とそっくりなヒステリックな女性が現れるのです。にわかに信じられないかもしれません。なぜそんなことが起きるのかと言うと、「女性はヒステリック」という情報がわたしたちの脳に記憶されるからです。特に幼少期の記憶の影響力は強大です。

有名な話に、動物の多くが生まれて最初に見た存在を親と思うということがあります。事実でなくても、記憶が動物に影響を与えるのです。人間が幼少期に体験して記憶したことは、ましてや、いつも一緒にいた母親との体験は、強烈に大脳の海馬に記憶され、それと同じような体験を何度も繰り返すことになるのです。これを「記憶の再生」と呼びます。

幼少期に母親がヒステリックだとしましょう。すると、幼少期の「記憶の再生」が起きて、職場に母親とそっくりなヒステリックな女性が現れるのです。その女性との人間関係に耐えられなくなって、転職したとしても、似たような女性が転職先にも現れます。なぜなら、転職しても、あなたの記憶は変わっていないからなのです。

実は、こういうことを悩みに抱える方は、とても多いのです。女性との人間関係、特に年上の女性との人間関係に悩む方は、幼少期の母親の記憶をチェックされると良いでしょう。

この「記憶の再生」は「自愛メソッド」の核心部分なので、なぜそうなるのかの理論をお話しします。たとえ話で、もう一度わかりやすく説明しますね。

わたしたちの脳がプロジェクターだとします。映し出している映像が現実だとします。パワーポイントに書いてあるデータ（記憶）をプロジェクター（脳）が映し出します。幼少期にお母さんがヒステリーだったとすると、女性はヒステリーが多いとパワーポイントのデータ（記憶）に書き込まれてしまいます。それが、そのまま映像に映し出され、実際にヒステリックな女性が現れるのです。

では、どうしたらいいのでしょうか。パワーポイントのデータ（記憶）を消去するのです。それを「現実が動く実践ワーク」で行うのです。すると大脳の海馬のデータが書き換わり、映し出される映像が変わり、現実も動くのです。

5 父親の記憶を男性に投影する

同じように、世の中で最初に会った男性は父親です。わたしたちは、無意識のうちに幼少期の父親の記憶を男性に投影してしまいます。幼少期に父親がとても厳格だとすると、「男性は厳格だ」という情報が大脳の海馬に記憶されます。すると職場に父親とそっくりなとても厳格な男性が現われるのです。その男性との人間関係に耐えられなくなって、転職したとしても似たような男性が転職先にも現れます。なぜなら、転職しても、あなたの記憶は変わっていないからなのです。男性との人間関係、特に年上の男性との人間関係で悩む方は、幼少期の父親の記憶をチェックしてみてください。

同じように、「父親の記憶の再生」を理論的に説明しましょう。わたしたちの脳がプロジェクターだとします。映し出している映像が現実だとします。パワーポイントに書いてあるデータ（記憶）をプロジェクター（脳）が映し出します。

幼少期にお父さんが無口で厳格だったとすると、男性は無口で怖い人が多いとパワーポイントのデータ（記憶）に書き込まれてしまいます。それが、そのまま映像に映し出され、実際に何を考えているかわからない怖い男性が現れるのです。

では、どうしたらいいのでしょう。パワーポイントのデータ（記憶）を消去するのです。それを「現実が動く実践ワーク」で行うのです。すると大脳の海馬のデータが書き換わり、映し出される映像が変わり、現実も動くのです。

ここで、恋愛やパートナーシップの問題に悩む方にお話しします。

「記憶の再生」は、人間関係だけでなく、恋愛やパートナーシップにも、大きな影響を与えています。

女性の場合、父親の記憶を男性に投影するのですから、幼少期の父親との記憶に問題があった場合は、恋愛やパートナーシップがうまくいきません。父親が恐いと感じたら、男性が恐いと感じることがよく起きたり、父親が浮気性だったら、彼氏が浮気をしたりします。出張ばかりしていたり、早くに亡くなったり、離婚したりして、いなくなった記憶があると、男性と縁遠くなったりします。

男性の場合、母親の記憶を女性に投影するのですから、幼少期の母親との記憶に問題があった場合は、恋愛やパートナーシップがうまくいきません。母親が恐いと感じたら、女性が恐いと感じることがよく起きたり、母親が浮気性だったら、彼女が浮気をしたりします。忙しくて家にいないことが多かったり、早くに亡くなったり、離婚したりしていなくなった記憶があると、女性と縁遠くなったりします。

このように「記憶の再生」は、パートナーシップにも、大きな影響を与えています。

第３章
現実を動かす７日間の実践ワーク

現実が動かない
ワーク、メソッド、スピリチュアルには
意味がない。

現実が動く実践ワーク―1日目

～幼少期の親のネガティブな記憶を手放すワーク～

※両親のうち苦手な親を選び、その親に対して行います。

【1】11枚の白紙を用意します。

【2】1枚の紙に1種類の幼少期のネガティブな記憶を思い出して書きだします。

【3】感情を乗せて書いてください。殴り書きで構いません。「親になってお母さんの気持ちもわかります」のような優等生の作文を書かないでください。「お前のせいでわたしの人生が台無しになった」ぐらいの表現でよいのです。怒りや悲しみなどのネガティブな感情を乗せてください。

※感情は吐き出せば、一緒に記憶も癒されます。抑え込めば、抑え込むほど、感情は潜在意識で広がります。これはワークであって、決して悪口大会をやっているのではありません。

【4】最後に「この記憶を手放します」と言ってくしゃくしゃに丸めて捨てます。可能ならば、エッセンシャルオイルのフランキンセンスを紙にかけて、燃やし、灰を

排水溝に流してください。

※ネガティブな手放しを行った紙は大事に保存したり、コピーしたりしないでください。それは手放したことになりません。

※エッセンシャルオイル（精油）とは、植物から抽出される油で、フランキンセンスは、聖書にも登場する浄化のオイル。純度が高いほどパワーがあります。個人的に推奨するメーカーは波動が高いドテラ社。

※紙に火をつけて燃やし、灰を排水溝に流すのは、ビジュアル的に消去したというイメージを持つためです。視覚からも手放した感覚が得られます。フライパンの上で紙に火をつけ、シンクの中で灰にして、そのまま排水溝に流すのが安全です。燃やすのが恐い方は、そのままビリビリに破いて捨てても構いません。あるいは、トイレットペーパーの上に書いて、それをトイレに流すという方法もあります。

【5】2枚目の紙を用意し、【1】から【4】を行います。続いて、3枚目、4枚目、5枚目…11枚目と同じことを繰り返して、それぞれに異なる種類のネガティブな記憶を書き殴ります。

ワークのポイント―1―変わることを期待すると効果がない

「期待する」ことは、とても良いことで、向上心に繋がると思っている方が多いと思いますが、実は「良くなりたい」と思うことは、その場所に人を留める結果になるのです。

自愛メソッドだけでなく、すべてのメソッドに共通することですが、期待して実践すると効果がほとんどありません。

なぜだかおわかりでしょうか。

「変わることを期待する」ということは、「今のわたしのままではダメだ」「ありのままの僕は不完全だ」というメッセージを無意識に宇宙に発していることになります。すると宇宙は「ダメなわたし」「不完全な僕」を現実化するのです。だから効果がなくなるのです。

ある意味で、変わることに執着しているのです。

では、どうしたらいいのでしょう。ただ、淡々と実践ワークをするのです。記憶を手放す過程では、「変わることへの期待」を捨て、執着を捨てることが大切なのです。

体験談―1―『親を殺したかった日々からの解放』

安西美和（30才・介護職）

わたしの両親はいわゆる毒親でした。

父は自らが名付けた名前を呼ばず、「バカ」としか呼ばず、都合のいい時だけ「美和」と呼んでくる人でした。

また、仕事中毒で、休みの日は寝てばかり。人前ではいい顔をするので、本当は何を考えているのか子供のわたしにもわからない人でした。遊んでもらった記憶が少なく、気分屋で、仕事から帰宅して30分以内にご飯が食べることができないと機嫌が悪くなり、怒るしまつ。買い物に行きたくても連れて行ってもらえない。連れて行ってもらっても置いて行かれることもありました。

母は、「あんたの顔なんて見たくない」「あんたなんて産まなきゃよかった」「あんたの顔見ると腹立つ」「2m以内に近づくな」と機嫌が悪くなると怒り出し、暴力もたえませんでした。暖かく抱きしめてもらった記憶もありません。

両親から「あんたは金食い虫」「あんたにいくらかけてると思ってるの？」「お

金ないのに」と言われるのが当たり前でした。褒めてもらった記憶もありません。欲しいものを買ってもらった記憶もありません。いつも誰かの顔色をうかがって、いい子でいることに必死でした。

夫婦喧嘩も絶えない家族でしたから、「結婚したら、喧嘩して警察沙汰になる」「母親みたいになりたくない」「男の人に頼らない」「喧嘩する姿を子どもに見せたくない」と思っていました。当然、恋愛も上手くいきません。

わたしは、小さい時から本当にこの両親から生まれた子どもなのか？　と思い、いつかこの人を殺してやるという憎しみが凄かったです。誰も信じない子になっていました。

17歳の頃、付き合っていた彼とのことが親にバレ、それが原因で暴力を振るわれて、ついには児童相談所に保護されました。

やっと親から解放されたと思う反面、まだ被害者でいたい自分がいました。一方、兄弟を守りたい、わたしがいなければ、家族が崩壊するという相反する感情もありました。

社会人になっても職場には高圧的な上司が多く、表面上は上手く振舞っても心の中では「うざ」「殺してやる」「死にたい」「消えてしまいたい」とばかり考えていました。また、もっと頑張らないと認めてもらえない。頑張らないと！　と常に気を使っていました。

何もかも上手くいかず、自殺未遂を何度もし、自己嫌悪になる日々。

成人になりまだなお、両親の暴言の多さ不機嫌さに、本当にこの両親がわたしの親なのかと、戸籍謄本を取り、実の親だと知って、逆にショックだったこともあります。親にふとしたことで腹が立ち、包丁で母を殺そうとしたこともありました。

何かいい方法はないのかと模索してる中で、当時の職場の社長の奥さんが、どんどんさんのセミナーを受けて、気持ちが前向きになったと話をしているのを聞きました。その時この人が変われるのなら、わたしも変われるかもしれないと思ったのです。

それから8か月後の2020年の11月。わたしもどんどんさんという人に会ってみたい、「騙されたと思って受けてみよう」と覚悟を決め、無料のZOOMセミナー（今はやっていません）に参加しました。

「愛してるよ」「完璧」「今日までよく生きてきたね」とかけてもらった優しい言葉に、「はぁ？　何を知ってるの？」「うさんくさ。」としか思えませんでした。

それでも「自愛メソッドの実践ワークをやって、自愛ZOOM合宿受けてごらん」どんどんさんからそう言われたわたしは「自分を愛する教科書」を買って、すぐに「自愛ZOOM合宿」に参加の申し込みをしました。期待して自分一人で「自愛メソッドの実践ワーク」を先にやってみても、中々現実は変わらず…。がっかりして、「あーまた騙されたんか」「こんなのいらね」と一度「自分を愛する教科書」は捨てました。

しかし、「自愛ZOOM合宿」に実際に参加して、もう一度「実践ワーク」をしたら、嘘みたいにみるみるうちに状況が変わり出したのです。

実家に帰るとわたしを「バカ」としか呼ばなかった父が「美和」と呼んでくれ、母の側でご飯を食べたことのないわたしが、母の手の届く範囲でご飯を食べていました。母から何かを買ってもらった記憶がないのに、仕事中寒いでしょ？　とブランケットを買ってくれたのです。

それから毎年誕生日プレゼントをくれます。何より、母からいきなり「美和ごめんね。お母さんあんたをうらやましく思っていた。おばあちゃんが美和、美和って言ってることに焼きもち妬いてた。」と謝ってきたのです。

また、一緒にいるパートナーとの関係性もどんどんかわっていきました。どんな時も一緒に居てくれるのです。

もう驚きでしかありません。「自分を愛する教科書」は何度も購入し、何度も読んでいます。何をしたか？ と聞かれたら、「自愛ＺＯＯＭ合宿」に出たのと、嫌だったことを白い紙に書いてフランキンセンスを垂らして燃やしただけです。えっ、こんなに簡単に変わるの？ と驚きしかありませんでした。

わたしの中で初めて人を信じた瞬間でした。わたしにとって初めて信じられる人がどんどんさんでした。

「実践ワーク」をして手放す時、紙を燃やして灰を排水溝に流す時、火災報知器が火を探知して鳴ってしまうこともしばしばありました。でも、どんどん記憶が癒されていくごとに変わる環境があり、一時的に辛いこともありましたが、結局良い方向に動くのです。しかし、一番自分が変わったと思ったのは、わたしは被害者でいるのを辞める、と強く決意したことでした。不幸だと思っていたわたしが今幸せと感じて生きている。それだけでも感謝ではありませんか。「自愛アロマカウンセラー養成セミナー」を受講し、好きな香りで自分の記憶が癒されていきました。画面越しではなくリアルでどんどんさんに会いたい！　とコロナの緊急事態宣言中に行動できたのも凄く大きな変化でした。

「願望実現カフェ」で、リアルどんどんさんに会い、凄いオーラを感じたのも今でも鮮明に覚えています。

どんどんさんに「美和ちゃん、もっと自由になっていいんだよ！」と言われたことの意味がわからず、もっと自由ってなんだろう？　と思いました。自由にしたことがなかったので、自由の意味がわからなかったのです。

「自愛メソッド」を続けて、さらに自分を深く見つめ直し、やっとどんどんさんの言う「自由」の意味がわかったのです。

会社から「辞めてもらってもかまわない」と言われていたわたし。何かの記憶なのか？　ともがいている日々。そして、突然の腰の激痛、病院に行っても、何をしても痛みはかわりませんでした。

あっ、このままでは自分らしくないと思い、26年間生活してきた大っ嫌いな地元を離れることにしました。突然のことにみんな驚いていました。

地元を離れても記憶の手放しをしていくとどんどん変わっていきました。社会人になってからほぼ休みがなかったのに、休みがあるではありませんか！　ガムシャラに働かなければお金はもらえないと思っていたわたしがいたことに気づきました。

どんどん記憶を手放していく中で、大っ嫌いな地元が愛に溢れていたことに気づきました。

母とは姉妹みたいな関係になり、母にも自愛をするように勧めました。以前からコツコツやってもらっていましたが、続かなかった母が、ワークをするうちに、大っ嫌いだった自分の母親のことが実は大好きで大切なんだと実感するようになったのです。おばあちゃんなんて大っ嫌いだから絶対介護なんてしないと言っていた母が自ら「介護する」と言い出し、一緒に生活するなんて、考えもつきませんでした。「なんだかんだお母さん、おばあちゃんが好きなんだね？」とわたしが聞くと素直に「そうだね」なんて言う母の言葉を初めて聞きました。

自分を愛する。これは簡単なようで簡単じゃないことかも知れません。

どんな人にも幼少期があり、親から影響をうけて育って今があります。

でもそれは記憶であって、レコードは傷を何度も再生して大きい問題にしています。それなら早く手放して、幸せに生きる方法を模索した方が簡単なんだと実感しました。

たくさんの愛を無視してきました。わたしは愛を受け取ります。

どんどんさん出会ってくれてありがとう。愛しています。

お母さんわたしを産んでくれてありがとう。愛してるよ。

お父さんわたしを育ててくれてありがとう。愛してるよ。

なぜ現実は動いたのか―1―期待しない。淡々とワークをする

自分で「自愛メソッドの実践ワーク」をやってみても、中々現実は変わらず…。

がっかりして、「あーまた騙されたんか」「こんなのいらね」と一度「自分を愛す

る教科書」は捨てました。しかし、「自愛ZOOM合宿」に参加して、もう一度「実践ワーク」をしたら、みるみるうちに状況が嘘みたいに変わり出したのです。

というくだりが出てきます。

なぜ最初はうまく行かず、次は現実が動いたのでしょうか。

最初「現実が動く実践ワーク」をしたときに、変わることを期待していたのだと思います。期待したくなるのは人情かも知れませんが、「変わることを期待する」ということは「わたしは不完全」という意識が強くなってしまうのです。

一度「自分を愛する教科書」を捨てたときに、その期待が消え、二度目はうまくいったのです。ですから「現実が動く実践ワーク」をするときは、淡々とやっていただきたいのです。

また、頭で考えてワークをしてしまう方もいます。この「現実が動く実践ワーク」は感じたままを書き殴ることに意味があるのです。思考は、記憶を手放すときに邪魔になります。思考は、記憶の参照をしているに過ぎません。

現実が動く実践ワーク―2日目

～幼少期の親のネガティブな記憶を手放すワーク～

※両親のうち1日目と同じ苦手な親を選び、1日目と同じワークを行います。親のネガティブな記憶を手放すワークは11枚では足りません。中には、100枚以上書いた方もいます。

【1】11枚の白紙を用意します。

【2】1枚の紙に1種類の幼少期のネガティブな記憶を思い出して書きだします。

【3】感情を乗せて書いてください。殴り書きで構いません。「親になってお母さんの気持ちもわかります」のような優等生の作文を書かないでください。「お前のせいでわたしの人生が台無しになった」ぐらいの表現でよいのです。怒りや悲しみなどのネガティブな感情を乗せてください。

【4】最後に「この記憶を手放します」と言ってくしゃくしゃに丸めて捨てます。可能ならば、エッセンシャルオイルのフランキンセンスを紙にかけて、燃やし、灰を排水溝に流してください。

【5】2枚目の紙を用意し、【1】から【4】を行います。続いて、3枚目、4枚目、5枚目…11枚目と同じことを繰り返して、それぞれに異なる種類のネガティブな記憶を書き殴ります。

ワークのポイント ―2― 可哀想もネガティブな記憶

「親に対するネガティブな記憶なんてない」「親には感謝の気持ちしかない」と言う人がいます。

ネガティブな記憶は、叩かれて育ったとか、暴言を吐かれただけではありません。

実は、「可哀想だった」「仕事でいなくて寂しかった」「早くに亡くなったので覚えていない」「おばあちゃんに育てられた」というのも、とてもネガティブな記憶なのです。

親のことを「可哀想」だと思っていたことが、なぜネガティブな記憶かと言えば、「記憶の再生」が必ず起きて「可哀相な人」が必ず周囲に現れるからです。「親のことを可哀想だと思っていた記憶」が癒されていないので、その人のことが気になり、お世話をするようになるのです。

親がいなくて「寂しかった」ことが、なぜネガティブな記憶かと言えば、「記憶の再生」が必ず起きて「いなくなる人」が必ず周囲に現れるのです。これがパートナーや家族だとしたら、大問題です。

「可哀想」「寂しい」「縁遠い」……これらの記憶を手放しましょう。

体験談 ― 2 ―『両親の葬式で泣けなかった8歳のわたし』

藤本美和（52才・主婦）

複雑な幼少期だった。2才で両親が離婚。その後父が再婚。2番目の母は、しつけが厳しかった。おねしょがなおらないわたし。泣きながら「ごめんなさい。もうしません」と母に言う。夜寝るとトイレが出てきた。ここでトイレをすると母に怒られないで済む。目が覚めるとそれはトイレではなく、ふとんの中だった。母は水分を制限した。食事は食べ終わるのに、1時間以上かかった。早く食事を終わらせるために、母が考えた作戦は、わたしの目の前に銀のアルミ板をテーブルの上に置くことだった。テレビも見れないもんね。1時間かかってしまった罰は、2階に行ってすぐに寝ることだった。

父は、飲む・打つ・買うの人だった。それだけでも最悪なのに、わたしに性的ないたずらをしていた。わたしはこの家で暮らすためには、誰にも言ってはいけないと思って秘密にしていた。その父が腸捻転で入院し、手術後、元気だったのに病院側の不手際であっという間に亡くなってしまった。35歳だった。そして、一か月後に産みの母が自死した。27歳の若さだった。

めずらしく今日は母とお出かけ。姉2人もいない。今日は母を独り占め。いつもは忙しい母、今日は優しくわたしの話を聞いてくれる。わたしは嬉しくなりいっぱいおしゃべりした。着いた所は産みの母のお葬式だった。知らない人達がわたしのことを懐かしそうな顔で見ている。「みわちゃん、お母さんだよ」顔にかかった白いハンカチをとる。それは、初めて見る産みの母の顔だった。涙は出なかった。そういえば、父のお葬式の時も涙は出なかった。みんながわたしのことを見ているに違いない。心配されないようにしよう。わたしは元気だよ。大丈夫。無意識に気丈に振る舞うわたし。

それから、わたしは辛いことがあっても、笑顔で過ごす。そう決めたんだ。好きな人と結婚して子供を産んで、幸せな家庭を作る。

それが、当たり前のようでわたしには難しく感じる。自分の家庭環境でそう思わずにはいられないことはなんとなくわかっていた。

そんなわたしは2回離婚した。

今の主人と出会い、3度目の結婚、不妊治療の末、子供に恵まれた。やっと幸せになれると思ったのに、主人が鬱になり、会社を退職。少しずつ元気になるはずが、母を引き取ったことがきっかけで、今度は介護鬱になる。優しかった主人がお酒を飲み暴言を吐くようになった。わたしは、義母を優先するあまり自分を蔑ろにするようになった。家の中は最悪だった。なんだか何もかも疲れた。夜ふとこういう時に人は自死するのだと思った瞬間、怖くなった。となりの部屋で寝ている息子の寝顔を見て、このままだとわたしはダメになってしまう。息子にわたしと同じ思いをさせるわけにはいかない。母が自死した子供は自分がお母さんを救えなかったって自分を責めるに違いない。わたしは、産みの母のようにはならない。怖い、助けて、泣きながら、暗い夜の闇を過ごした。

そんな時だった、偶然どんどんさんに出会ったのは。1週間の「自愛ZOOM合宿」に参加した。お金を払って受けたはずの合宿。なのに眠たくて寝てしまった。うつろな中、聞こえてきたひとつのフレーズで目が覚めた！　あーだから？　それが原因だったの？　自分がずーっと不思議に思っていた事の答えがそこにあった。色んな本を読んでも、占いに行っても、どんなスピリチュアルも本当の意味でわたしを変えてくれるものはなかった。たった一行の言葉がわたしを変えた。それが「幼少期の父親の記憶を世の中の男性に投影する」ということだった。

わたしは「父親から性的虐待を受けていました」と、今まで誰にも言ってなかったことを言ってしまった。しかもみんなの前で。一瞬、画面の中の空気が張り詰めた気がした。どんどんさんは「言いにくいことをよく話してくれました」と言ってくれた。

わたしは男性と付き合っても、はじめは良いけど、いつも不安で相手を試すようなことばかりしていた。相手から捨てられるのだったら、自分から別れを切り出す方がマシ。相手の人は、別れたくないと泣いている。それを冷めた目で見るわたし。また？　なんでいつもこうなんだろう？　まさかお父さんに復讐していたなんて。わたしは、自分と向き合うことに決めた！　自分の幼少期の出来事と、その時の感情から起こった出来事を照らし合わせるようにした。

「人生完全セミナー」の最終日、半年間共に学んだ仲間がいる今日しかないと、勇気を振り絞り、父との記憶を手放すことにした。わたしの人生の邪魔をしていたもの、たくさん涙を流して記憶を手放した。あんなに嫌だった父を許すことができた、自分の中にある嫌悪感が消えた。父はわたしのためにわざわざ嫌われ役をやってくれて、亡くなったのだ！　まさかこの記憶が癒やされるなんてびっくりした。終わった後、大好きなカフェに行き、前から食べたかったいちごパフェを泣きながら食べた。わたしの中の大きな記憶が癒やされた記念日。忘れない。

　しばらくして、「自愛ZOOM合宿」でわたしと共通の父親の記憶の人の発言中、いままで感じたことのない強烈な怒りがでてきた。次の日、頭の中に父のお葬式の場面が出てきた。わたしはワンワン泣いた。お父さん、どうして急にいなくなっちゃったの？　寂しいよ。44年前、周りの人に気を遣って泣けなかった8歳のわたしがいた。

母に対する記憶も手放した。わたしを引き取る前に亡くなった産みの母、わたしのせいだ。精神的に不安定だった母にとっては、一緒に住むのが負担だったのだろう。母はわたしを置いていってしまった。別にご飯も作らなくていいし、一緒に住まなくてもよかった。どこかで生きているだけでよかった。せめて、声だけでも聞きたかった。

自死は残された家族が、自分を責め続ける。どうして気がついてあげられなかったんだろう？　あの時、こうしてれば、防げたのかも？　わたしは、自愛メソッドに出会って自分がずーっと母に対する罪悪感を持っていたことに気がついた。わたしのせいで母が亡くなったのではなかった。母は母の都合で亡くなったのだ。

わたしはいつも自分の中には核のようなものがないと思っていた。体の真ん中の丸い空洞。それがなんなのかはわからないけれど、少しずつ埋まっていき、満たされていった。母が4人、父が3人いるわたし。「みわちゃんは、記憶を手放すの他の人より4倍かかるよ」。どんどんさんは嘘はつかない（笑）。それを聞いて、わたしは「えー4倍もかかるの、やーめた！」とはならない。自愛メソッドは、シンプルでパワフルなメソッド。あれだけ深刻だった悩みが、笑って話せるようになる。笑あり、涙あり、たまにびっくり仰天の真実が出てくる。

こんなことがあった。何度目かの「自愛ZOOM合宿」中のある日、機嫌が悪く怒ってしまった。「昨日は怒ってしまってすみません」と謝ったわたしに、どんどんさんはニコッと笑って「怒っているみわちゃんおめでとうー」と言って拍手をした。まわりのみんなも拍手。一瞬なんのことかわからず狐につままれたわたし。そっか、怒っていいんだ！　ずーっと笑顔でいなくちゃ機嫌良くいなくちゃと思っていた。

自愛歴2年。記憶を手放し現実も大きな変化があった。気づいたら、どこをとっても完璧な出来事が起こっている。夢も叶っているし…。希望のマンションに引っ越し。欲しかった自分の部屋でこの文章を書いている。優しい主人と息子、それぞれの道を歩きながら。一緒にいる時は家族だんらん。今は、自分が思う方向に現実が動いている。

母に対する記憶も手放した。わたしを引き取る前に亡くなった産みの母、わたしのせいだ。精神的に不安定だった母にとっては、一緒に住むのが負担だったのだろう。母はわたしを置いていってしまった。（中略）自死は残された家族が、自分を責め続ける。どうして気がついてあげられなかったんだろう？　あの時、こうしてれば、防げたのかも？　わたしは、自愛メソッドに出会って自分がずーっと母に対する罪悪感を持っていたことに気がついた。わたしのせいで母が亡くなったのではなかった。母は母の都合で亡くなったのだ。

というくだりがあります。

母親の人生を「可哀想な人生」にしてしまうと、母親を可哀想な人にしてしまいます。可哀想というのも、実はネガティブな記憶なのです。わたしたちは創造主なので、この人は可哀想と思うとどんどん可哀想な人になっていきます。厳しい人と思えば厳しい人に、使えない人と思えば使えない人になっていきます。

可哀想な人が家族にいると、どうしても自分は幸せになってはいけないと思ってしまいます。無意識に幸せになることへの罪悪感があるからです。

わたしは、どんな人生も完璧だと思っています。「自殺さえも完璧」なのです。

特に、自死遺族は、強い罪悪感が残り、人生に足枷ができてしまって、自分が幸せになることにブレーキがかかるので、亡くなった方も完璧だったと思いましょう。いや、どうしても完璧なんて思えない、完璧なはずがないという方は、わたしのところに来てください。霊能者と違った現実的なアプローチで、亡くなった方と会わせます。

さて、体験談の方は、かなり極端な例ですが、実の親と育ての親の2人がいる場合、「記憶の手放し方のワーク」は親が一人だけのケースの2倍かかるでしょう。また、実の親に育てられず、他人の家を転々として育てられると肩身の狭い想いをするので、かなり気を使うようになります。また、言いたいこともなかなか言えない性格なります。

逆に、社会人なっても、ずっと実家暮らしの方がいます。いいように思うかもしれませんが、実家暮らしも普通の方に比べて記憶の手放しに時間がかかります。なぜなら、ネガティブな記憶のお掃除ができても、実家暮らしなので、また、親から記憶のゴミを直接出されるからです。また、やり直しです。

親が複数いる場合、実家暮らしの場合、どちらも記憶の手放しには時間がかかります。

現実が動く実践ワーク―3日目

～幼少期の親のネガティブな記憶を手放すワーク～

※もう一人の親（1日目、2日目の親とは異なります）を選び、その親に対して行います。

【1】11枚の白紙を用意します。

【2】1枚の紙に1種類の幼少期のネガティブな記憶を思い出して書きだします。

【3】感情を乗せて書いてください。殴り書きで構いません。「親になってお母さんの気持ちもわかります」のような優等生の作文を書かないでください。「お前のせいでわたしの人生が台無しになった」ぐらいの表現でよいのです。怒りや悲しみなどのネガティブな感情を乗せてください。

【4】最後に「この記憶を手放します」と言ってくしゃくしゃに丸めて捨てます。可能ならば、エッセンシャルオイルのフランキンセンスを紙にかけて、燃やし、灰を排水溝に流してください。

【5】2枚目の紙を用意し、【1】から【4】を行います。続いて、3枚目、4枚目、5

枚目…11枚目と同じことを繰り返して、それぞれに異なる種類のネガティブな記憶を書き殴ります。

ワークのポイント―3―ワークが中途半端だと効果がない

親に対するネガティブな記憶を書き出すワークをしていると、「でも、大学まで行かせてくれた」「毎日ご飯を作ってくれた」「病気になってから優しくなった」「もう亡くなったのだから」などの考えが浮かび、もういいかと思ってしまうことがあります。

また、「感謝」や「ありがとう」の有効性を説く本や情報が氾濫しているので、親に対してネガティブな記憶を書き出すこと自体が良くないと思ってしまう人もいます。「感謝」は大切な要素です。わたしが「自愛メソッド」を創始した頃は、「親に感謝する手紙を書く」というワークを行っていて、確かに感動したり、泣いたりする効果はありましたが、心の表層にしか届かなく、現実が動くところまでには至りませんでした。

また、最近では、「ネガティブを統合する」という手法が流行っているようですが、これも、ネガティブな記憶との向き合い方としては、弱いと思います。

こうした考えを取り入れてしまうと、記憶を手放す作業にブレーキがかかり、途中でワークがストップしてしまい、手放せなくなります。いろいろな方法を試した結果、現在のスタイルが確立されたのです。このワークは、決して親に対する悪口大会ではなく、親との関係をさらに良くする（亡くなっているなら想い出を良くする）ためのものなのです。

体験談—3—『ブラック企業からの脱出〜起業へ』

平山真吾（41才・波動カウンセラー）

わたしは父・母と姉の4人家族の中で育ちました。父・母は自動車関係の製造業で共働きで働いていました。物心ついた時から父が仕事から帰ってくると油の匂いがするため、子供心に「仕事というものは体や服が臭くなるもの」と思い込んだのだと思います。

そして夕食時は仕事の大変さや苦労話を話していました。父はお酒を飲んでは「石の上にも三年」「我慢だ」「努力するんだ」「真面目に生きろ」と説法するようになり、思春期の頃からは父となるべく同じ空間に居ないように夕食も別で食べるなど父を避けるようになりました。

中学を卒業してからはまるで父親の生き方に反抗するかのように真面目とは正反対の非行少年になっていきます。高校生からさまざまな仕事をしたので、アルバイトも含めたら20種類近く職を経験してきたのですが、共通して同じ悩みを抱えていました。

その悩みとは男性との人間関係でした。どこの仕事やアルバイトをしても、最初は優しくしてもらい、とても良い人間関係のはずが、気づいたら上司や先輩がパワハラするようになり、男性同僚とトラブルになり、サービス残業が当たり前のような働き方に環境が変わっていくのです。

ある時、夜間勤務で欠員が出てしまい、夜勤からそのまま昼勤で24時間続けて働いたこともあります。トラック配送の仕事では20時間以上働くことが美徳のような環境になり、配属先の上司がとても怖い方で鉄拳制裁をするような性格で従業員トイレには血痕があるなど、いつも男性との人間関係で悩んでいました。そんなわたしは過度のストレス・過重労働からうつ病・過敏性腸症候群・不眠・慢性痛の症状でも苦しむことになります。

30代を過ぎ仕事のストレスで体を壊し、転職することになったわたし。年間休日125日以上、賞与年3回、残業は月に数時間と、とても好条件で入社した会社も、数か月後にはだんだんと会社の雰囲気が変わってきて、出世すればするほど365日ストレスを抱えながら馬車馬のように働き続けるのが当たり前という過酷な労働環境が待ち受けていました。さび止めの油や鉄を切る時に使う切削油で体が油まみれになり、わたしは父のように体に油の匂いを染み込ませていつも自宅に帰っていました。

これが記憶の再生であることには当時はまったく気づきませんでした。働いて5年が過ぎ手作業で毎日1トン近くの金属を扱う仕事のため、腰痛と全身疲労も併発して整形外科病院通いになっていたわたしに転機がきます。製造職から営業職への配置転換でした。

営業職になれば、体の慢性病からも解放されて油の匂いからも解放されると思いましたが、営業職になってからが本当の悩みの始まりでした。営業の事務所では顧客からの電話は鳴りっぱなし、理不尽な顧客へのクレーム対応、営業訪問ではチラシと名刺を片手に1軒1軒企業訪問。怒鳴られたり、門前払いされたりが当たり前で、新規獲得するまで事務所に帰れない猛烈な社風でした。わたしは趣味の占いを武器にして営業成績をギリギリ出していましたが、何とかこの現状を変えたいと自己啓発などをたくさん学びます。

しかし当時は新型コロナの影響で会社の業績は下がり続けるため、仕事の環境はどんどん過酷になっていくのです。顧客からのクレーム対応で、夜遅くに顧客先に出向き1時間以上ひたすら罵声を浴びせられ、上司の態度もまるで軍隊のようになっていき、事務所では毎日上司の顔色を見て仕事をしないと帰れないため、昼休憩ですら3か月近くなし、我慢してサービス残業をして仕事をすることが美徳であるかのような雰囲気に変わっていくのです。わたしは藁にもすがる思いでさまざまな願望実現のテクニックやセミナーや書籍を読むのが日課になっていました。

ある時「自愛」という言葉を知ることになり、「自愛」とネットで検索していたところ、どんどんさんという方が、「自愛」に関するオンライン合宿や書籍を多数出されていることを知り「自分を愛する教科書」という本を読んでみたのです。まず読んで驚いたのが「自分の人生はほとんどが両親の記憶で作られている」という内容でした。自分の子供の頃の記憶が大人になってから影響している話は聞いたことがありましたが、人生のほとんどを占めている程に影響しているとは思わなかったのです。

本を読んで学ぶうちに「自愛」を深く実践したいと思い、7日間の「自愛ZOOM合宿」に参加することにしました。その「自愛ZOOM合宿」では今までの男性の人間関係の悩みはほとんど幼少期の父親の記憶の影響だったと気づくことになりました。前からインナーチャイルドや過去の記憶を手放すワークは実践してきたのですが、手放し方が甘かったのです。

・油の匂いの仕事をする仕事
・サービス残業

・上司と顧客に悩んでいた
・うつ病と胃腸を悪くしていた
・転職した時期も出世した時期も同じ
・帰宅時間も父が働いていた時と同じ時間帯
・家に帰れば妻に愚痴を話す

自分が幼少期に記憶した父親とわたしは、まったく同じ人間になっていたのです。

どんどんさんにも「父親のネガティブな記憶をそのままコピーしているよ」と教えていただき、それからは「自愛ZOOM合宿」に頻繁に参加するようになりました。「自愛ZOOM合宿」に参加して「記憶の手放しワーク」をするほど、仕事の状況が一つひとつ好転していくのです。

・親会社からの仕事内容の見直しと新部署の立ち会げで残業がほぼゼロ
・給与もなぜかUP

・社長が変わり社風が一変！　従業員を大切にする働き方に
・人事異動で事務所の雰囲気も変わり仕事に集中しやすくなる
・なぜか上司の性格も急に優しくなる
・体調も回復し元気になる

「自愛メソッド」を繰り返し実践することで、一番悩んでいた男性の人間関係の悩みがほとんど解消していきました。20年以上悩んでいたことが「自愛メゾット」を知って半年くらいで解決していったのです。悩みがどんどん消えていくことで、同じように両親の記憶で悩んでいる人たちの手放しをサポートしたいと、「自愛メソッド」を使った「自愛アロマカウンセリング」を学びました。傾聴も共感もしないというカウンセラーの常識を超えた内容でしたが、モニターで体験していただいた方の9割以上がわたしと同じように現実がみるみるうちに変わっていくのです。そうしていくうちに、占いやスピリチュアルを使ったセッションも学んでいたのですが、カウンセラーとして独立したいという思いが強くなり起業することにしました。

起業をする時にもどんどんさんに「起業・独立でうまくいくのも記憶の手放しがとても大事です」と教えていただいたので、自愛しながら起業の準備をしていくと不思議と応援してくれる人たちが現れたり、会社や顧客からも「辞めてもまた君に会いたいから来てほしい。応援するよ」と暖かい声をいただいたり、良い出来事が多く人間関係もとても良好なご縁をいただけるようになりました。今では起業したスピリチュアル関係の業界で著名な方々とのご縁をいただいたりと、どんどん拡大していっています。

これからもこの自愛メソッドを使ってたくさんの方々が自分の人生を生きるきっかけになるように活動していきたいと思います。本当に感謝です。ありがとうございます。

なぜ現実は動いたのか ― 3 ― ブレーキを踏まない

本を読んで学ぶうちに「自愛」を深く実践したいと思い、7日間の「自愛ZOOM合宿」に参加することにしました。その「自愛ZOOM合宿」では今までの男性の人間関係の悩みはほとんど幼少期の父親の記憶の影響だったと気づくことになりました。前からインナーチャイルドや過去の記憶を手放すワークは実践してきたのですが、手放し方が甘かったのです。

というくだりがあります。

「手放し方が甘かった」というのはどういう意味でしょうか。体験談を書いていただいた方は、自己啓発の本をかなり読んでいて、さまざまな自己啓発のメソッドを実践していたようです。自己啓発で、日本で最もポピュラーな教えは「親に感謝しましょう」「ありがとうの心を持つのが大切」というものです。

「ありがとう」「感謝」の言葉の持つパワーは、確かに存在し、しないよりもした方が良いのは間違いありません。ところが、実は、これがネガティブな記憶の手放しの邪魔になるのです。「実践ワーク」をしているうちに、そうは言っても「父親には大学まで出してもらった」「お母さんはご飯をいつも作ってくれた」「病気になったとき心配して看病してくれた」からやはり感謝もしないといけないと思って、親に対する怒りなどのネガティブな記憶や感情を吐き出すことを途中で終わりにしてしまう方がいます。これでは手放しが中途半端になり、記憶を手放すことができません。だから、現実も動きません。

これは、車のアクセルとブレーキを同時に踏むようなものなのです。

さて、体験談に書いてあるように、ブラック企業で働くということは、どんな記憶の人たちが集まるのでしょうか。

わたしが思うには、たまたまブラック企業に入ったのではなく、ブラック企業は、上から下まで、自己価値感が低い人たちが集まるのです。自己価値感が低いのは、幼少期に自分に価値がないと思う体験をしている人たちです。無意識に自分に価値がないと思っているから、過酷な労働環境で、我慢して頑張るのです。

幼少期の体験で、よくあるのが「自分だけ」という体験です。

親が他の兄弟姉妹には甘いのに「自分だけ」褒めてくれなかった。または「自分がこの家をなんとかしたい」と思った「いい子」です。「いい子」は、他の兄弟・姉妹のように親に迷惑をかけないように自分を後回しにして、我慢強い頑張り屋さんになります。

現実が動く実践ワーク─4日目

〜幼少期の親のネガティブな記憶を手放すワーク〜

※3日目と同じ親を選び、3日目と同じワークを行います。親のネガティブな記憶を手放すワークは11枚では足りません。

【1】11枚の白紙を用意します。

【2】1枚の紙に1種類の幼少期のネガティブな記憶を思い出して書きだします。

【3】感情を乗せて書いてください。殴り書きで構いません。「親になってお母さんの気持ちもわかります」のような優等生の作文を書かないでください。「お前のせいでわたしの人生が台無しになった」ぐらいの表現でよいのです。怒りや悲しみなどのネガティブな感情を乗せてください。

【4】最後に「この記憶を手放します」と言ってくしゃくしゃに丸めて捨てます。可能ならば、エッセンシャルオイルのフランキンセンスを紙にかけて、燃やし、灰を排水溝に流してください。

【5】2枚目の紙を用意し、【1】から【4】を行います。続いて、3枚目、4枚目、5枚目…11枚目と同じことを繰り返して、それぞれに異なる種類のネガティブな記憶を書き殴ります。

ワークのポイント──4──被害者から降りると決意する

被害者には誰でもなりたくないと思うのが常識ですが、実は被害者には大きなメリットがあります。こんなことを言うと怒られるかも知れませんが、被害者は被害者でいることが好きなのです。そのメリットが「責任を取らなくていい」ということです。被害者である限り、加害者がいるわけです。例えば、親であったり、理解のないパートナーであったり、パワハラ気味な職場の上司だったりします。被害者である限り、うまくいかないのは、すべて加害者のせいなのです。

もうひとつの被害者のメリットは「可哀想アピール」ができるということです。注目を集めたり、依存したりすることもできます。被害者と加害者の共依存の関係があると、被害者から降りることは大変勇気のいることです。

だから、被害者から降りようとしません。「被害者から降りる」ことを決意しないと、いつまでも現実は動きません。現実が動いてしまったら、もう誰のせいにもできなくなるし、可哀想アピールもできなくなりますから。

体験談―4―『虐待、吃音、親権なし離婚、自殺未遂～人生を変えた自愛』

せいたん（55・会社員）

わたしは北海道の小さな漁師町で生まれました。父はアルコール中毒だったため、幼い頃から父にお酒を買いに行かされ、度重なる暴力を受け、時には病院での治療を必要とする程でした。わたしはある時期まで男の子として育てられ、女の子としての自己存在が抑圧されました。妹と容姿を比較されたため、わたしは自分を醜いと思うようになりました。それなのに父からは性的ないたずらも受けました。

父はわたしが13歳の時に急性心不全で亡くなっています。

わたしは幼い頃から吃音に悩まされていました。小学校に入学してからは男子に吃音を真似され、授業中に本の音読ができずに恥ずかしい思いをしました。

それでも中学卒業までは女友達がわたしを庇ってくれていました。しかし、高校に進学してからは女子たちからも吃音を真似され、からかわれるようになり、いじめの対象となりました。上履きがなくなり、ゴミ箱から見つかるという出来事もありました。

高校3年の二学期、わたしは不登校になりましたが、学校側の配慮で卒業だけはできました。

高校卒業後、わたしは歯科医院で働き始めましたが、家では母に給料を全額渡すよう求められ、クレジットカードを作るように言われ、母のためにキャッシングもしました。しかしその金額は母の希望通りではなかったので、母は「一円もお金をいれてくれない」とわたしの悪口を言いふらし「この家であなたの寝る場所などない」と言いました。

わたしは安心して寝る場所を求めて、20歳で最初の結婚をしました。

結婚後は夫のパチンコの借金に苦しみました。それはわたしのせいだと夫や義母から非難されました。わたしは節約して借金を返しました。しかし、新たな借金が何度も発覚し、ある日夫は給料の振り込み口座を変え連絡が取れなくなってしまいました。

悩んだ末、わたしは離婚を決心し、子供を連れて夫のもとを去りシングルマザーになりました。

離婚後、わたしは実家に身を寄せましたが、母との関係が悪く、心が落ち着かない日々が続きました。しかし、生活のために近くのスーパーでアルバイトを始め、そこでのちに再婚することになる夫と出会いました。

わたしは職場で、重宝されました。新人のうちから責任のある仕事を任され、休みの調整も柔軟に対応していただけました。しかし、そのことで、同性の先輩たちから「贔屓されている」という陰口を受け、嫌われてしまいました。

自愛メソッドでは、女性との人間関係は母親の記憶の投影と言われていますが、まさにその通りの現実がわたしの周りで起こっていました。そんなつらい時期にわたしを支えてくれたのは、10歳年下の彼でした。彼は優しく接してくれて、一緒に食事に行ったり、ボーリングやドライブに連れて行ったりしてくれ、わたしの仕事の不満を静かに聞いてくれる存在でした。気づけば彼と毎日を過ごすようになり、わたしと彼、そしてわたしの娘との3人で新しい生活が始まりました。そして、やがてわたしたちは息子にも恵まれました。

しかし、わたしの心は限界に達していました。わたしは鬱病を発症してしまったのです。

不運にも、その時期に夫の転勤が決まりました。長女が小学生だったため、夫は単身赴任することになりました。夫はわたしを気遣い休みの度に帰宅し、仕事の日は毎日電話をくれました。しかし、わたしの病気は悪化してしまいました。ある日、夫と大喧嘩をしてしまい、夫は息子を連れて出て行き、結果的に離婚することになりました。

息子を引き取れなかった罪悪感が込み上げていました。なんで息子を手放してしまったんだろう。娘と二人きりで、絶望ばかりが広がっていました。

ある日、手続きのため市役所を訪れた際、市の職員がわたしの手首の傷に気づき、わたしの具合を心配して声をかけてくれました。その後、生活保護課へ案内され、わたしと娘は生活保護の支援を受けることができるようになりました。わたしはクリニックに通い、鬱病の診断を受け、治療を受けました。自暴自棄になり、自殺を試みるなど荒れた生活を送ったこともありました。娘もわたしの病気のせいでからかわれ、不登校になった時期もありました。

しかし幸いなことにわたしは鬱病から回復し、娘も後に学校に行きはじめ、大学まで進み、今は社会人です。

息子とは彼が20歳の時に再会しています。息子の方からわたしを探してくれたのです。わたしの地元では七夕に歌を歌いながら近所を訪問するとお菓子を貰える習慣があり、そのとき親切にしてくれたお婆ちゃんがわたしを知っているのではないかと息子は考え、そのお婆ちゃんの家に行ったそうです。そうしたらなんとそこはわたしの実家だったのです。そしてそれから程なくしてわたしと息子は再会できました。

息子にとってわたしは初めて見る母親でした。それから息子は当時ひとり暮らしをしていたわたしのアパートに時々泊まりがてら遊びに来てくれるようになりました。

わたしはある日TikTokライブで開運堂どんどんさんに出逢いました。人間関係で悩みを抱えていたわたしはライブの中でそれをどんどんさんに打ち明けました。

「自愛ZOOM合宿」を知り、興味を持ち参加することにしました。合宿の中で今起きていることがすべて幼少期の記憶の再生であること、わたしたちは幼い頃から他人を思いやるように教わったが、一番思いやらなければならないのは「自分」であること。また、自分の周りの人を幸せにするためには、まず自分自身が幸せになることが重要だと学び、長年心に抱えていたモヤモヤが解消されたような気がしました。

女性との関係は母親との記憶の再生、男性との関係は父親との記憶の再生です。ですから、何か問題があってもそれは過去の記憶であると捉えるため、以前ほど深刻に考える必要がなくなりました。被害者からやっと降りることができたのです。自愛で人間関係がイージーモードになりました。

また、自愛の根幹である「完璧」という概念もわたし自身の幸せのための大きな助けになっています。「完璧」という言葉は一般的な「パーフェクト」の意味ではなく、「ありのまま、そのままでよい」という意味です。わたしたちは今のまま何も変わらなくても価値があり、愛されるべき存在なのです！

わたしは吃音があり、自愛に繋がった当初は「自愛が深まれば吃音は治る」と思っていましたし、確かにその側面もあり確実に以前よりスムーズに話せるようになっています。ですがそれより嬉しいのは「吃音も完璧」と思えるようになったことです。

現在わたしは、ＳＮＳで自愛のライブ配信をしています。たまに吃りますが、それも完璧なので楽しくやっています。こんな日が来るとは、吃りながらライブをするなんて、考えられませんでした。

わたしは人生の途中までは幸せを諦めていました。

暴力の記憶があると人が信じられず心を開くのが難しくなります。

ですが、今のわたしはどんな環境下に生まれようと、どんな酷い幼少期を過ごそうと、人生の中でどんな重い十字架を背負ったとしても、幸せは自分で選べるようになることを経験しました。

息子とは現在、親子関係の再構築を進めています。自愛を深め、自分自身を愛する方法を実践することで、子育てができなかったという事実を受け入れ、罪悪感を手放しました。

今年の息子の誕生日には、彼がわたしを夜景が見えるフレンチレストランに連れて行ってくれました。わたしたちは夜景の見える窓側の席に案内され、コース料理を楽しみました。食事が進み、あとはデザートです。すると、アニバーサリーケーキが運ばれて来ました。わたしは、最初レストラン側のサービスだと思っていました。

そうしたら、そのケーキには「母さん、産んでくれてありがとう」というメッセージが刻まれていたのです。

「母さん、これを毎年やってあげるからね！」息子からそう言われたときは思わず泣きそうになりました。とてもとてもとても幸せな時間でした。

自愛をするとものすごいスピードで現実が動きます。

自愛で自分を愛する方法を学び、幼少期の記憶を手放し、ぶっちぎりで幸せになりましょう！

──だって、こんな壮絶な人生を送ってきたわたしができたのだから。

なぜ現実は動いたのか ─ 4 ─ 被害者から降りた

女性との関係は母親との記憶の再生、男性との関係は父親との記憶の再生です。ですから、何か問題があってもそれは過去の記憶であると捉えるため、以前ほど深刻に考える必要がなくなりました。被害者からやっと降りることができたのです。自愛で人間関係がイージーモードになりました。

というくだりがあります。

「被害者」は、「加害者」から何かされた、外部から何か攻撃されたと思ったとき、自分を「被害者」だと認識します。ところが、これが単なる自分の「記憶の再生」だと認識できたら、もうその瞬間に誰かの、外部のせいにできません。なぜなら、原因は自分の「記憶の再生」なのですから。つまり、被害者から降りることができたのです。

「加害者」だと思っていた人は、自分の記憶の再生が原因で、わざわざ「悪役」を演じていた、ありがたい人なのです。

このように「自愛メソッド」では、「被害者」も「加害者」もなく、いるのは「完璧な人」だけなのです。

現実が動く実践ワーク 5日目

〜「不安・心配」「怒り・被害者意識」「我慢・頑張る」を手放すワーク〜

【1】3枚の白紙を用意します。

【2】1枚の紙に幼少期に感じていた「不安・心配」、現在感じている「不安・心配」を書いていきます。

【3】箇条書きで複数書いてください。

【4】書いた紙に両手をおいて「この記憶も完璧。愛しているよ」と心の中で唱えて愛を送ります。悩んでいた過去の自分、悩んでいる現在の自分に愛を送ってあげます。

【5】愛を十分に送ったと感じたら、完璧という意味で○を付けます。こんなことを思っていた自分も、こんなことを思っている自分も、完璧だと思ってください。

【6】最後に「この記憶を手放します」と言ってくしゃくしゃに丸めて捨てます。可能ならば、エッセンシャルオイルのフランキンセンスを紙にかけて、燃やし、灰を排水溝に流してください。

【7】1枚の紙に幼少期に感じていた「怒り・被害者意識」、現在感じている「怒り・被害者意識」を書いて、同じように【3】～【6】の手順で手放していきます。
【8】1枚の紙に幼少期に感じていた「我慢・頑張る」、現在感じている「我慢・頑張る」を書いて、同じように【3】～【6】の手順で手放していきます。

ワークのポイント ─5─ 祖父母・兄弟姉妹のネガティブな記憶

「自愛メソッド」では、父親の記憶を世の中の男性に、母親の記憶を世の中の女性に投影することになっています。これは、わたしの経験上8割ぐらいが当てはまると思います。

しかし、2割ほどこのケースが当てはまらない場合があります。祖父母、兄弟姉妹の記憶を投影する場合があるのです。

祖父、兄、弟の記憶を男性に、祖母、姉、妹の記憶を女性に投影することがあるので、祖父母や兄弟姉妹と言動が似ている人がいたら、祖父母や兄弟姉妹の記憶の投影でないかチェックしましょう。また、稀に父親の記憶を女性に、母親の記憶を男性に投影することもあります。これは、女性性の強い父親だと女性に、男性性の強い母親だと男性に投影することがあるからです。

逆に、父親の記憶を男性性の強い女性に、母親の記憶を女性性の強い男性に投影することもあります。

いずれにせよ、わたしたちは、幼少期に印象の残る人（ほとんどの場合家族）の記憶を、すべての人に投影をしています。

体験談―5―『悲劇のヒロインはやめました』

はすだまりこ（57・自愛アロマカウンセラー）

わたしには3つ下の弟がいます。

カタコトしか言わなかった弟が、2歳過ぎた頃からいろんなことを話し出しました。「あれなぁに?」が口癖でした。青森から上野までの駅名を暗記したり、大学ノートを持ち歩いて漢字を書いたり、目に入ることすべてに興味があるようで、母に質問するようになっていました。

そんな中、わたしは弟と同じことができるはずなどなく、ぼーっと見ているだけ。親戚や近所の人たちも弟を特別視していて、わたしはバカなんだなぁと幼い頃から感じていました。

父は自由人だけど真面目で、仕事にも全力を尽くしていました。その頃は植木を趣味にしており、あまりにも集中しているので母は父の悪口ばかり。

父の母親とも同居していたのですが、その祖母のことも母はずっと毛嫌いして、わたしに吹き込んでいました。わたしは祖母のことが大好きだったのでいつも一緒にいました。両親が共働きだったので祖母に懐くのは当たり前です。でも、母はそれを許しませんでした。理不尽なことで突然キレて、わたしを追いかけ回してまで叩きました。祖母の後ろに隠れるわたしを余計に許せなかったのでしょう。幼心に、祖母を嫌いになるしかありません。母に嫌われる恐怖がそうさせたのです。

母は機嫌が悪いと叩く。そして幼いわたしが話しかけても返事をしてくれませんでした。だからいつも母の隣で、ひとりでおしゃべりをしていました。口をきいてくれないだけでなく、母が一度何かを話して聞き返すと二度と話してもらえません。毎日が母に気をつかわないと生きていけませんでした。大事な物を隠されたこともあり。台所でお手伝いをしていると、潔癖だったので水滴ひとつ残っていても怒られました。

母はわたしの行動すべてに制限をかけました。そしてわたしがやりたいことも頭ごなしにおさえつけて、わたしから自由を奪いました。できるわけがないと全否定されました。大学に進学したいと中学の時に話すと鼻で笑われたので、その頃から勉強をやめました。うちは貧乏だからと言われていたので、同級生が可愛い洋服を買ったりしていても欲しいと言えず。教材すら「買って」と言えなくなっていました。惨めでした。

弟は頭がいいからこの子だけでも大学に行かせたいと思い、それと同時に母に嫌われないようにするためには弟を守らなければと思うようになっていました。わたしが高校を卒業して就職したので、高校に入学した弟に毎月お小遣いをあげていました。うちは貧乏だから、洋服でも買って欲しいと思っていました。

東京大学に現役で合格したので、さらに弟は親の自慢になり、周りの人たちもわたしと区別するような発言をするようになりました。大学院に行く話が出て父は定年を延長することにもなり、弟のためならばなんでもするんだなぁと見ていました。

実家にいると窮屈なので早く家を出たいと思ったのですが、おさえつけられて育ったせいか行動にうつせず結婚しか出る方法はありませんでした。社内恋愛で出会った主人と結婚して幸せになれると思っていたら、原因不明の不調が続きました。不妊治療しても子宝に恵まれず、それと重なり主人が鬱になって自殺未遂をしました。

それから主人を助けたいと必死で支えてきました。平凡でもささやかでもいい、幸せになりたいとずっと思っていました。でも、わたしの体調不良は一向に良くならず。気休めに元気になってもすぐに元に戻ります。それでも小さな幸せ、少しの元気に満足しようと思い込ませていました。でも、そんなわたしの願いはむなしく、主人は結婚21年目の年にわたしの留守中に電気コードで首をつっていました。東日本大震災後の不安で主人の鬱は再発していました。

わたしが殺したんじゃないか？　とずっと自分を責めていた。主人が亡くなって一人にしておけないからと実家に引き戻されました。母が脳梗塞になった後に、くも膜下出血で手術。その後に父が癌になり亡くなったのですが、生前に「おまえが帰ってきたから病気になった」と父に言われ、わたしは疫病神なんだと思いました。

いろんなことをあきらめ、どうせダメなんだという自分を作り上げて、親の敷いたレールに進み、自由がない。自己価値が低いとあきらめることは簡単だし楽でした。

でも、そんな人生はもうこりごりだったので、両親と飼っているトイプードルの「そら」がいなくなったらわたしも消えようと思っていました。

そんな時にどんどんさんの「自愛ZOOM合宿」を受講しました。まさに救いでした。自分のせいでも、親のせいでも、他人のせいでもない、すべて幼少期に受けたネガティブな記憶が起こしていたことを知り、自愛をもっと知りたくなって次々とどんどんさんのセミナーを受けました。「自愛アロマカウンセラー養成セミナー」を受けて自愛アロマカウンセラーとなり、さまざまな方のセッションをしてきました。

自愛を知ると生きることが本当に楽になります。何よりも、自分や自分に関わる全ての人が「ありのまま」でいいこと。本当の自分でいていい許可をようやくいただけたのです。神童の弟と比べて自分は価値がないと思っていた記憶を手放したら楽に生きられるようになりました。自己価値が上がると、今までは奇跡だと思うような願いが叶っていきました。

いつのまにか体調も良くなっていました。あれだけ冷たく、口を聞いてくれなかった母が優しくなりました。もう自由になっていいんだよ。そう言われたように思います。そして自死した主人も完璧。あちらの世界から笑顔でわたしのことを見ている姿が浮かびます。思い込ませてきた幸せではなく、ほんとの幸せをつかんだんです。

どんどんさん、自愛を教えてくださってありがとうございました。

悲劇のヒロインは終わります。

これからは、わたしらしい人生を生きていきます。

なぜ現実は動いたのか ―5― 弟のネガティブな記憶を手放せた

自愛を知ると生きることが本当に楽になります。何よりも、自分や自分に関わるすべての人が「ありのまま」でいいこと。本当の自分でいていい許可をようやくいただけたのです。神童の弟と比べて自分は価値がないと思っていた記憶を手放したら楽に生きられるようになりました。自己価値が上がると、今までは奇跡だと思うような願いが叶っていきました。

というくだりがあります。

なぜ、自己価値が上がったのでしょう。彼女の人生を振り返ると、強烈な母親をまず考えますが、わたしはそれよりも「わたしは弟のような価値はない」「弟のためにわたしは犠牲になる」と決めていたことが大きな原因ではないかと思います。

天才的な兄弟姉妹がいた人、逆に障害者や難病の兄弟姉妹がいた人は、その兄弟姉妹に両親が手一杯なので、自分が邪魔にならないように存在を消すということがあります。

これは、ある意味で、自己の消滅です。自己価値が究極に下がります。

虐待されたわけでもなく、酒乱でもなく、育児放棄でもなく、正当な理由が親にあるので、子供は文句を言えません。

ですが、本人はどうでしょうか。もの凄い愛情不足で育ちます。

愛情不足とは、「愛されていない」という感情です。つまり、「自分は愛される価値がない」という感情なのです。だから、究極に自己価値が下がると言っているのです。

彼女は、弟との比較をやめて、弟のネガティブな記憶を手放すことによって、自分はありのままの自分でいいと、自分に許可を出すことができたのです。

さて、自分を愛していると、気づかぬうちに健康状態が良くなることがあります。体験談の方も「いつのまにか体調も良くなっていました」と書いています。

なぜ、自分を愛することと病気の治癒とが関係あるのか不思議に思われる方もいると思います。

医学的な論拠はありません。科学的な証明もできません。

ですが、これは、わたしに言わせれば、当たり前のことなのです。

「わたしは大切な存在である」「自分は生きている価値がある」と思っていると、脳がそのような指令を身体のすべての細胞に出すのです。すると細胞は活性化し、元気に活動をするようになります。だから、健康になるのです。

現実が動く実践ワーク―6日目

〜「罪悪感・自己否定」「無価値感・劣等感」を手放すワーク〜

【1】2枚の白紙を用意します。

【2】1枚の紙に幼少期に感じていた「罪悪感・自己否定」、現在感じている「罪悪感・自己否定」を書いていきます。

【3】箇条書きで複数書いてください。

【4】書いた紙に両手をおいて「この記憶も完璧。愛しているよ」と心の中で唱えて愛を送ります。悩んでいた過去の自分、悩んでいる現在の自分に愛を送ってあげます。

【5】愛を十分に送ったと感じたら、完璧という意味で○を付けます。こんなことを思っていた自分も、こんなことを思っている自分も、完璧だと思ってください。

【6】最後に「この記憶を手放します」と言ってくしゃくしゃに丸めて捨てます。可能ならば、エッセンシャルオイルのフランキンセンスを紙にかけて、燃やし、灰を排水溝に流してください。

【7】1枚の紙に幼少期に感じていた「無価値感・劣等感」、現在感じている「無価値感・劣等感」を書いて、同じように【3】～【6】の手順で手放していきます。

※「我慢して頑張ってしまう」のは、根底に「罪悪感・自己否定」や「無価値感・劣等感」があることが原因の場合が多く、人間の奥底にある感情なのです。

ワークのポイント ―6― 意図を持ち、問題探しをしない

このワークをしていると、目的が途中からストレス発散になってしまう方がいます。意図をいつも持って、ワークをしていただきたいのです。

どのような意図か言えば、「親を許す」「人間関係の改善」「自分が幸せになる」「みんなを幸せにする」などの意図です。

「見返し」「復讐」「ストレス発散」「怒りをぶちまける」が目的になってしまうと、その時の気持ちがいいだけで、現実は動きません。

もうひとつ困るのは、いつも「問題探し」ばかりをする方です。どこかに問題がないか、何か問題が落ちていないか、いつも探し続けるのです。いつも問題にフォーカスしているので、問題が浮上し続け、問題の発生が止まることがありません。なぜなら、問題がある世界に生きているからです。

人生はフォーカスしている方向に進みます。「問題探し」をし続ける限り、問題は続くのです。

体験談―6―『問題探しをやめたら人生の道が開けた』

伊東恵美（46・経営者）

自愛メソッドに出会ったことで、これまでにないほど劇的に日常が変化しました。

わたしは、幼少期から仲が良くない両親を見てきました。

そういうこともあり「安定した生活ができるようになりたい」という思いから、

主人と結婚しました。中級家庭という夢が手に入ったわけですが、いつも大きなストレスを抱えていました。

いつも誰かに気を使っていて、いつも誰かに何か（悪いこと）を言われて、いつの間にか何をするにも人目を気にするようになり、実際に思い切ったことをしても、そこで問題が起きるとすぐやめてしまうようになりました。そして30歳に差し掛かる頃はわたしの母と主人との間でもめ事が起きるようになり、気が気ではなくなる毎日を過ごすようになりました。

この苦しい感情は、昔、どこかで感じていたもの。

そう…幼い頃から両親のケンカが怖くて顔色をうかがっていた自分。仲良くなってほしくて、無理に笑いを取ってご機嫌を取ろうと頑張っていた自分。

母は被害者意識がとても強く、いちいちわたしによからぬ話を聞かせてくる。アドバイスしても逆に怒られるので「この母は何がしたいんだ？」と面倒な気持ちになっていた。父は途中で上の空になり話を聞かなくなる。父には可愛がられていたけれど、思い通りにならないと癇癪を起こしたので、無意識に男性の顔色をうかがってしまっていました。

それでも親に笑顔になってもらいたくて頑張っていたけど、そんな努力はむなしく状況は悪化するばかり。

もうしんどい。どんな本を読んでも解決するのはその瞬間だけ。カウンセリングを受けても全然しっくりいかない。いっそのことすべて手放したらどれだけ楽だろうと思ってもそんな勇気はない（重い記憶だらけでしたからね）。

そんな時に藁をもつかむ思いで、「自愛メソッド」を実践しました。最初に出版されたどんどんさんの書籍でも、目から鱗だったのに「自愛ZOOM合宿」などを受けたらなおさらいろいろなことが見えてきました。もっと知りたい。

そこで本格的なセミナーを受けることにしました。「人生完全セミナー」を受講して、自分と向き合ううちに、わたしの人生に起きていた出来事の元凶を突き止めました。

幼い頃から両親の喧嘩の仲裁役に入っていたこと。出る杭は打たれるから大人しくしなさい、黙っていればうまくいくと母に言われていたこと。このような幼少期の体験から、わたしとは関係のない問題もわたしが抱える、いわゆる「調整役」

を行っていて、人のご機嫌を取ろうと頑張りすぎて、疲れてしまうというものでした。人は変えられないはずなのに、頑張り続けているのですから、当然疲れます。

また、わたしは好きを仕事にすることを目指し、フリーランサー、起業など、やることはやっていましたが、出る杭は打たれるという恐れがあり、妻には家にいてほしいと思っている夫の扶養内から抜け出せない状況になっていました。

しかし、自愛を深めているうちに、豊かではなかったけど、わたしはとても愛されていて恵まれていたところがたくさんあったことに気づいたのです。

特に父に関しては、わたしが大きな夢を持っていたから、父は好きなことができなくてわたしを恨んでいたと思っていたら、真逆で、父はわたしに協力したかったけどそれができなくて、できないことを怒りとして出していただけだと気づいたのです。

それを理解したとき父に手紙でもいいから感謝とお詫びをしたいと思うようになりました。

その後、完璧な出来事が起きたのです。行政からの連絡で、25年間行方がわからなかった父の居場所がわかったのです。わたしはまず代埋人経由で父に手紙を書き、思い切って25年振りに再会することにしました。父は感動して泣いていました。

このことから、男性に対する無意識のイメージが変わりました。面倒だった男性のお客さんが自立するようになり、またわたしも遠慮せず、面倒な男性は見切れるようになったのです。さらには、男より稼いではいけないという遠慮がなくなったので、事業で過去最高の利益を更新することができました。

たとえ優しい主人でも人生そのものを合わせていたら後悔すると思い、正直な気持ちを伝えたら、わたしの力で自由に行きたいところに行ったり、やりたいことに集中できたりするようになりました。

母に関しては、いつも「おまえだけに言うけど～」から始まって不幸話、今までの我慢や罪悪感の話をしてわたしのエネルギーを奪っていましたが、そこに惑わされず、ハッキリ迷惑！　と伝えたら一時的にヒステリックになりましたが、必要以上におかしな話をしてこなくなりました。

それどころか、最近は母一人でATMにお金をおろしにいくこともできるようになったのです。いつも自分で暗証番号などを間違えてできないところを「誰かに何か変えられた」など被害妄想に浸っていて、わたしがついていって毎回見守っていたのです。それがある日、わたしがその日に予定が入ってしまっていて一緒にいけなかったのもありましたが、それでも母自身が一人でできるようになったのは奇跡ですよね。母は現在79歳です。本人も自分でできたことに大喜びでした。

また母は、わたしがお金を稼げない人というイメージを持っていたようです。ところがわたしの起業が軌道に乗り始めたので、「これがうまくいき続けたら拠点を増やしたいな」という話をしたら、目立つことに反対していたはずの母は、逆に大喜びして応援してくれるようになりました。

このままでも平凡ではあるけど幸せな生活を送れるとは思います。大金持ちではないけれど、お金に困ることもないでしょう。

でもこれではある意味、わたしにとって「自愛」ではないのです。記憶をいやしてスッキリしたからこそ、大きな野心が出てきたのです。

それはさらに自分自身を信じて、自分に投資、貢献し、幸せ度を増やしていくことです。起業もしたのでそこから大きく何かをしたいという気持ちが湧いてきました。これはとってもワクワクすることなのです。これまでにない挑戦をするので、少々恐れはありますがそれ以上に楽しみになってきました。

もしこの自愛メソッドに出会わず、記憶を癒さずオロオロとして生きていたら、母がわたしにしたように娘たちに不幸話をしてつなぎとめていたでしょうし、夫の生活リズムに合わせすぎて、わたし自身がなんとなくの人生を送り数十年後には「こんなの望んでいなかった！」と周囲を恨んでいたかもしれません。

そう考えると自己犠牲には何の得もないですよね。自分が幸せになり豊かさを手に入れることが周りも幸せになるのは本当だなと確信しました。

そして忘れてはいけないのは、どんどんさんにおんぶに抱っこでどうにかしてもらおうとしないこと！　確かにどんどんさんは自愛のプロではありますが、サポートをしてもらいながら、わたしたちが自分と向き合い自愛をしていく！　と自分に約束していくことです。そして自分が幸せになることです。

自分、どんどんさん、宇宙もそれを一番に望んでいることなのですから。

なぜ現実は動いたのか―6―問題探しの「調整役」を降りた

たとえ優しい主人でも人生そのものを合わせていたら後悔すると思い、正直な気持ちを伝えたら、わたしの力で自由に行きたいところに行ったり、やりたいことに集中できたりするようになりました。

母に関しては、いつも「おまえだけに言うけど〜」から始まって不幸話、今までの我慢や罪悪感の話をしてわたしのエネルギーを奪っていましたが、そこに惑わされず、ハッキリ迷惑！　と伝えたら一時的にヒステリックになりましたが、必要以上におかしな話をしてこなくなりました。

というくだりがあります。

幼少期に家庭内の不和に悩まされていた人は、争いごとが嫌いで、無意識に問題を調整しようとします。わたしは、そういう人のことを「調整役」と呼んでいます。

一見良いことのように思えますが、「この家をなんとかしたい」「この職場の雰囲気を何とかしたい」という考えが、いつまでも問題が続くことの原因なのです。

わたしたちは創造主です。争いごとが尽きない、問題が尽きない世界にいて、調整しようとしている限り、争いごとや問題が起こるのです。そして、「調整役」をしている人の最大の問題は、「調整役」自身には、いつまで経っても幸せが来ないということです。家族全員が同じ考え、職場全体がいつも同じ意見である必要はありません。議論や意見の対立もあっていいのです。

意見の対立や争うことも完璧と思って見守っていると、自然に終息していきます。つまり、元々調整の必要はなかったのです。

さて、実は、ビジネスや起業も自分を愛することが大切なのです。

なぜ、ビジネスと自愛が関係あるのでしょうか。

まず、自分を愛せていないと自己肯定感が低いです。自己肯定感が低いと豊かさを受け取ることができません。つまり、売り上げが上がらなかったり、薄利になったり、値上げができなかったりします。

また、取引先やクライアントやスタッフに父親・母親の記憶を投影するので、無理難題を言われたり、クレーマーが現れたり、スタッフの問題で苦労したりします。

経営者やフリーランスの場合は、家族からの反対や問題が勃発して、仕事に集中できません。

つまり、ビジネス成功の秘訣も、自分を愛することなのです。

現実が動く実践ワーク─7日目

～愛と感謝のラブレターを書くワーク～

※母親、父親、自分に対して、愛と感謝のラブレターを書きます。

【1】3枚の白紙を用意します。

【2】母親に対して愛と感謝のラブレターを書きます。親だから当たり前のように思っていたことにも光を当て、感謝しましょう。まず、生んでくれたことに感謝です。箇条書きでもかまいません。

【3】父親に対して愛と感謝のラブレターを書きます。親だから当たり前のように思っていたことにも光を当て、感謝しましょう。まず、この世に誕生させてくれたことに感謝です。箇条書きでもかまいません。

【4】自分自身に対して愛と感謝のラブレターを書きます。自分自身に感謝することはしたことがないかもしれません。でも、何よりも大切な存在である「自分」に愛と感謝を贈りましょう。まず、今日まで生きて存在してくれたことに感謝です。

箇条書きでもかまいません。

※親にラブレターが書けない場合は、第1日目・2日目・3日目・4日目のワークが足りていないので、自然に愛と感謝の気持ちが浮かぶまで、第1日目・2日目・3日目・4日目のワークを続けます。記憶が重い人は100枚以上書いた人もいます。

ワークのポイント―7―感謝の気持ちを自然に感じ、あることにフォーカスする

「現実が動く実践ワーク」を6日目まで完了すると、親に対して感謝の気持ちを自然に感じるようになります。

これは、「親に感謝しなければいけない」とか「親はあなたという存在の源だから有難く思いましょう」という無理やり感謝しましょうという教えではなく、自然に心の底から湧き上がることを指して言っています。

「感謝する」ということは、ないことにフォーカスするのではなく、あることにフォーカスしているのです。だから「有り難い」のです。

もし、感謝の気持ちが自然に湧かないのであれば、まだ、7日目の「現実が動く実践ワーク」をやるのは早いかもしれません。その場合は、第1日目に戻って、もう一度第1日目から第4日目の「現実が動く実践ワーク」をやってください。

さて、第7日目の「現実が動く実践ワーク」を終えると、何が起こるのでしょうか。両親へのネガティブな記憶の第1ステージが見事にクリアされたので、文字通り、現実が動きます。

「記憶を手放す」とか「記憶を癒す」とか「記憶を書き換える」とかよくスピリチュアルや心理学の自己啓発本やセミナーで言っていますが、わたしは実際に現実が動かなければ、「記憶の手放し」はできていないと断言します。では、「現実が動いたこと」をどうやって確認するのでしょうか。実際に記憶が手放されるとどうなるのでしょうか。

「自愛メソッド」では、必ず以下の3つのことが起きます。職場の人間関係の悩みを例にしてみましょう。

【1】対象の相手の言動が変わる。これはみなさんが一番期待していることです。
【2】嫌な人がいなくなる。人事異動や退職・引っ越しなどで会えなくなる。

【3】相手の言動は相変わらず変化はないが、自分が気にならなくなる。

上記のどれかが必ず起きて現実が動くのです。それが起きない場合は、なんらかの理由で、記憶の手放しがうまくできていないのです。

現実の変化で確認してください。

なお、現実が動いているのに、自分に厳しい人は、それを変化だと認めようとしません。他人に気前よくできる人に限って、自分に気前が悪いのです。「今まで気になっていたことが気にならなくなった」「○○さんに話しても緊張しなかった」「○○病の症状が緩和された」などなど、そんなちょっとしたことも現実の大きな変化です。もっと、自分に優しくなって、自分に気前よくなりましょう。

体験談―7―『母、妹、そして父の自死…自死遺族となって』

きくかわまさこ（48・自愛アロマカウンセラー）

わたしは父母と3姉妹の中間子として熊本に生まれました。

幼少期は引っ込み思案で、目立つこともなく、姉や妹と比べていつもうらやんでいた子供でした。そして家の中では、わたしばかりいつも損な役回り。

わたしが小学校3年の時、姉は学校でのいじめがきっかけで登校拒否。中学でもいじめに遭い、高校こそ進学はしたものの、そこでもいじめから登校拒否が始まり、1年も経たないうちに退学。

わたしが中学2年生に上がるときに引越し、転校で環境が変わり、妹は肝炎になり入院。しばらく学校を休んだため、妹までも登校拒否が始まりました。

姉は引きこもり、妹は登校拒否。家の中が殺伐とした状態になっていきました。母一人でどこかへ相談に行ったり、子供のことで飛び回ったりしていました。

その時父は忙しいの一点張りで、子供のことは怒鳴り散らかすだけ。家のことは顧みず、母に「家のことはお前に任せている」と無責任な発言。毎日仕事の付き合いと言って飲んで、帰りは午前様。母も父が帰ってくると相談するが聞こうとしない。

こんな家族崩壊の状態が延々と続き、母は疲労困憊、父は家に寄り付かなくなる状況になっていた。

わたしは人と話すことが非常に苦手で、学校でも一人ぼっちで、わたしも学校なんて行きたくなかったのですが、我慢して頑張って学校に行っていました。小中高と行きたくないと思いながら通う日々は地獄でした。頑張って学校に行っているのに、両親は褒めてもくれない。今思えば、わたしは姉妹の中で褒められるために学校に行っていたのだと思います。そして、学校生活を通して、友達らしい存在もなく一人ポツンとしていました。わたしは、家でも、学校でも、孤独でとても寂しかったのです。

だから、人との距離感がわからなかったのです。友達だと思っていた人に裏切られたり、仲良くしようと言ってくる人が、時折うっとおしく感じたり。そうなると、人付き合いが面倒くさくなり、一人の方が楽だなと考えるようになりました。声をかけられたら参加するスタイルに徐々に変化していきました。寂しいけど、めんどくさいのほうが優ってしまった結果、お互いに友人と認める間柄の人はいないようです。結局、いつも孤独でした。

そんなわたしにも転機が訪れました。専門学校に入り友人関係というよりは異性関係が活発になり、急にモテ期が来ました。そして長くお付き合いをする人に巡り会いましたが、恋愛至上主義のわたしは非常に疲れはしたのです。愛情表現が少ないと、どう思われてるのか？　他の女性といるんじゃないのか？　色んなことを疑い出したらキリがない状況で、異性に依存していました。

わたしが23歳の時に両親は離婚。離婚の少し前に、実は父が不倫していたことが発覚。

これはわたしの男性への不信感がさらに強くなる出来事でした。結局男は信じられない。裏切る存在であるという悲しい現実を体験させられたのです。そして、引きこもりの姉と妹の養育を父が引き受けるという条件で、離婚が成立。その後父は再婚し姉と妹は再婚相手との生活が始まりました。それが引き金となって姉と妹の生活や精神状況も悪くなり、妹は精神科に通い始めました。今までうまく行っていなかった関係が、新しい家族関係になってうまくいくはずもなく、結局姉と妹は家を追い出される形となりました。姉は一人暮らし、妹は自宅より遠く離れた精神科病院の近くに一人暮らしを始めたのです。

そんな中、わたしは専門学校時代から付き合っていた人を追いかけ近県に就職しましたが、交際相手の浮気が発覚し、就職と同時に正式破局。これこそ父親の記憶の再生でした。そして3年もせず熊本に帰って来ました。

それからというものわたしはダメンズばかりとお付き合いをして、29歳の時に当時交際していた今の夫との子供を身ごもりました。「歳も歳だし、反対されても、絶対幸せになってやる。自分の家族みたいな不幸な家族にはならない」と強く心に誓いましたが、ここから婚姻届を出さずに6年、事実婚状態で過ごし、次男の誕生と長男の小学校進学を機に入籍をしました。親の結婚生活を絶望的にみていたため、婚姻するという形式を無意識に嫌っていたのだと、今ではわかります。

そして仕事、家事、育児に追われる日々に疲労困憊。徐々に母のようになっている自分に気がつかずに過ごしていました。母は孫が熱を出した時などによく手伝いに来てくれたので、母に子守りを頼み仕事に出ていました。次男が生まれてからというもの、次男は病気になることも少なく、母を呼び出すことも減りましたが、ちょくちょく遊びには来てくれていました。両親の離婚後も相変わらず母は姉と妹のことを心配し忙しくしていました。姉や妹の家に行ってお世話をしたり、お金を無心されたり、わたしのところに来れば、姉や妹の状況をわたしに話しながら、なんでこうなったのかと嘆いていました。

そしてわたしが37歳の梅雨の頃、母は自死しました。何が起こったのか、悪い夢ではないのか？　と思う反面、どこか置いて行かれたという思いに駆られつつ、悲しみが溢れ、母の元へ向かう車を運転しながら号泣しました。しかし、母の元に着くと、泣けるような状況ではなくなり、警察の対応や葬儀の手配などいろいろなことがあり、淡々と目の前のことをやる日々が過ぎていきました。完全に感情を失い、主人や子供の前ですら泣けませんでした。仕事復帰後は明らかに笑うことはできなくなり、無心に仕事と家庭のことをやり、過ごしていました。

その一年半後、今度は妹が自分の誕生日の月に自死。妹は10年くらい前から精神科には通っており、常に自己の存在否定をしながら生きていました。妹の死は母の死が引き金になっていたのは明らかでした。母の死以前から会わなくなっていましたが、母の死を境にメールでさえもやり取りができなくなりました。この時も妹のことで衰弱している父を横目に、いろいろな手続きや作業をしました。「自分がしなきゃ誰もしない」という気持ちと妹への罪悪感、立て続けの悪夢のような出来事に泣くこともできませんでした。

それからというものどうにでもなれと思いながら生き続け、4年後に熊本地震。家は半壊。

そしてその2年後には父も自死。自殺未遂で病院へ搬送されましたが、まさか容体が急変して死ぬとは思いませんでした。晩年は、随分生きていてもしょうがないような発言はしていましたが、二人も家族が死に、残される方の気持ちは充分に味わっていたと思うのですが、あちら側に行ってしまいました。

しかしこんなに立て続けにみんな自死。ありえないし、もちろん自死だなんて周りの人には言えません。親戚、上司、限られた人にしか言えず、言葉にすることすら、はばかられます。常に心の奥底に、わたしのことなんか誰もわかってくれないという思考と罪悪感が付き纏い、頑張って生きないといけない状態となり、もういっそのことわたしも死んでしまおうという思考に何度も駆られました。

しかし、わたしには夫と子供がいる。せめてこの子供達が大きくなって独り立ちするまでは、逝ってはいけないと自分に言い聞かせて生きてきました。母の死から10年経過した頃、コロナの流行、仕事のストレス、家庭不和、そして陰謀論にハマり、すべて生活は陰謀論中心に回り始め、非常にストレスフルな状態になってしまいました。

そして、占いも好きだったことが、さらに状況を悪化させました。当初、スピリチュアルはわたしにとっては、何も当たらない、当てはまらない状態であったのに、唯一すがるものでした。

陰謀論とスピリチュアルの最強タッグに、いよいよ人生が停止しそうになったその時、開運堂どんどんさんの「自愛メソッド」に出会いました。初めはどんどんさんのＳＮＳのライブに入り浸り、いろんな相談を投げかけていましたが、「それは記憶だね」と何度も言われ、なんでも「記憶」というこの人はなんなんだろうと思っていました。まったくわたしのことや他の相談者さんのことを否定しないのです。初めての感覚でした。否定されないってなんて安心なんだろう。それで自愛の世界に飛び込んでみようと思いました。

「自愛ZOOM合宿」に初めて参加した時に「よく生きててくれたね」と言われましたが、今思い出しても涙が出ます。それからというもの、この「自愛メソッド」をとにかくやってみようと思い、いくつかの自愛関連のセミナーに参加しました。初めのうちは、現実が動くのを自分で認められるほどのものがありませんでした。何より、記憶を探ることをしても、幼少期の記憶があまり出てこなかったのです。

どんどんさん曰く、「大人になって大きくショックを受ける体験をしたりすると、それが邪魔して記憶が出てこない」と言われて、確かに家族の相次ぐ自死はその邪魔をしていました。母の自死からというもの、感情に蓋をして生きていたわたしは、その蓋を開けることが怖くてしようがなかったのです。しかし、その蓋を開ける時が来たのです。

「人生完全セミナー」に参加し、母親、父親のその当時の記憶を紐解いていきました。母親の死から、感情に蓋をしたその蓋を開けるとそもそも人前で泣いたことはあまりないのに、ありえないくらいに号泣してしまいました。「なんでわたしを置いて行ったの？　なんて自分勝手なの？　わたしも連れて行ってよ。寂しいよ」という気持ちが吹き出しました。自分でもありえないくらいの感情の放出をただ見守ってくれた、どんどんさんや陽子さん、セミナーの仲間。そしてその時の母親の気持ちも伝えてくれました。

「あのね、お母さんはね、お母さんは幸せだったんだよ」と言われましたが、不思議と「あれ？　お母さんだ」と、母親が言っているように聞こえたのです。信じられない気持ちでしたが、その後も、セミナーの中で、順番に父親、妹と再現をしてその時の気持ちを感じ、吐き出すことができました。すると、3人とも一様にものすごい罪悪感に見舞われていたことがわかりました。

自死は「罪悪感」の成れの果て。この世の中にいらない感情である罪悪感で自ら命を断つなんて、なんて馬鹿らしいんだろうと今となっては思います。

大きな記憶の手放しが進むにつれて、自分自身の気持ちも大きく変化しました。

不安や心配することが格段に減って、日々の生きることへの無気力感が徐々になくなり、少しずつ動けるようになりました。

セミナーでは、幼少期の記憶を他のメンバーの話を聞くことで思い出すこともあり、非常に寂しい環境で育ってきていたことに気づくとともに、酷い父、可哀想な母だと思っていましたが、感謝の気持ちも少しずつですが、感じるようになりました。非常に気づくのが難しい「寂しさ」や「両親のネガティブな記憶」を、自分自身の記憶だけでなく、自愛仲間の記憶を借りて、淡々と手放していく自愛の道のりは果てしなく続きます。一足飛びには良くはならないけれど、わたしの過去の思い込みや記憶のせいで、時間はかかるかもしれませんが、今ここに新たに生を受けて、生き直す準備と道が開かれました。

わたしは今、人生を自分で思うように生きていく未来しか想像できません。

不安や心配になったり、他人と比較したり劣等感を感じることはゼロではないですが、自愛に出会う前のわたしとは、行動や考え方が格段に違い、何より安心して生きていることに自由に羽ばたく鳥のような気持ちです。すべての問題は自分の中。シンプルだけど深い「自愛メソッド」と共にわたしは成長します。日々淡々と楽しんで。

自愛を知り、出会っていただいた皆様方に感謝いたします。時折、わたしの父になるどんどんさん、これからもよろしくお願いいたします。夫、子供たちへ。わたしを妻として母親としていさせてくれてありがとう。これからも愛しています。

なぜ現実は動いたのか ―7― 不安・心配が消え、あることにフォーカスした

大きな記憶の手放しが進むにつれて、自分自身の気持ちも大きく変化しました。不安や心配することが格段に減って、日々の生きることへの無気力感が徐々になくなり、少しずつ動けるようになりました。セミナーでは、幼少期の記憶を他のメンバーの話を聞くことで思い出すこともあり、非常に寂しい環境で育ってきていたことに気づくとともに、酷い父、可哀想な母だと思っていましたが、感謝の気持ちも少しずつですが、感じるようになりました。（中略）一足飛びには良く

はならないけれど、わたしの過去の思い込みや記憶のせいで、時間はかかるかもしれませんが、今ここに新たに生を受けて、生き直す準備と道が開かれました。
わたしは今、人生を自分で思うように生きていく未来しか想像できません。

というくだりがあります。

ネガティブな記憶の手放しが進み、不安や心配が減り、それに連れて、「感謝の気持ちが自然に湧きあがり」、つまり「あることにフォーカスできるようになった」ので、動けるようになったのです。

ポイントは、自然に感謝の気持ちが湧き出る、感じられるということであって、無理やり思い込むということではありません。それが、ないものでなく、あるものにフォーカスすることの原動力になったのです。

彼女は、大きなトラウマをいくつも抱えていた人なので、魔法のように一瞬にして劇的な変化があったわけではありませんが、あるものにフォーカスしたので、「人生を自分で思うように生きていく未来しか想像できない」自分にシフトしたのです。自由に羽ばたくことができる人になったのです。

同じようにハードな境遇・体験をした方ならわかると思いますが、信じられないほどポジティブに内面の変化が起きています。まさに「現実が動いた」のです。

さて、大人になってから、家族の自殺、突然死など、大きなトラウマになるようなことを体験すると、その記憶が消去されないと、それ以前の記憶がなかなか出てこない、思い出してもぼやけてしまうということがよく起きます。中には、トラウマになった事件の前後数年の記憶が欠落してしまうという方さえあります。

つまり、大人になってからのトラウマの記憶が邪魔になって、幼少期の記憶の手放しができないのです。

この場合は、まず、大人になってからの大きなトラウマの記憶を先に手放してください。

第４章
自分を愛するために手放すべき5つの負の感情

頑張ることのご褒美は
次の頑張ることである。

1 不安・心配

人はなぜ不安・心配になるのでしょうか。良くないことが起きると想像しているからです。

では、なぜそう思うのでしょうか。

必要のない余計な情報を入れてしまうからです。過去のネガティブな記憶からそのようなことが起きるのではないかと連想するのです。

突然、不安になるということはないでしょう。他人からの話やネットやテレビの情報から、過去のネガティブな記憶から、良くないことが起きると想像して、不安や心配になるのです。

さて、ここで、「時間という概念」についてお話をします。

わたしたちは、時間には、「過去」「現在」「未来」の3つがあると思って生きています。

果たして、そうでしょうか。

「時間という概念」にわたしたちは騙されているのです。わたしたちは、時間というものが存在しているがごとく生きていますが、実は、「時間そのもの」は、概念の中に存在しているだけで、実際には存在していません。まず、「過去」を見せることはできません。つまり「過去」とは過ぎ去ったものであり、存在しないのです。「過去の歴史の本」があるではないかと言う方がいますが、「過去の歴史を書いた今の本」なのです。

次に、「未来」も見せることはできません。つまり「未来」とは未だ来ていないものであり、存在しないのです。

時間には、「今」しかないのです。アマゾンの奥地に住む現代文明から隔絶されたある部族が話す「ピダハン語」には、現在形しかありません。彼らには、過去も未来もないのです。

さて、話を「不安・心配」に戻しますが、実は、この時間の概念のトリックが、わたしたちを「不安・心配にさせる」大きな要素なのです。わたしたちは、過去のネガティブな記憶から、まだ起きてもいない未来から、不安や心配になるのです。

もし、「今」「ココ」「自分」に集中していれば、不安や心配になることはないのです。

わたしが見ていると、地に足がついていない人ほど、自分軸ができていない人ほど、他からの影響を受けやすく、不安・心配になる傾向が強いように感じます。

物を捨てる断捨離がブームですが、情報を捨てる、シャットアウトする「情報の断捨離」をおススメいたします。

そして、不安や心配していることは現実化します。「わたしたちは創造主」のところで、お話ししたように、想念は現実化するのです。

不安・心配が浮かんだら、すぐに手放すようにしましょう。

さて、体験談に以下のようなくだりがあります。


わたしは男性と付き合っても、はじめは良いけど、いつも不安で相手を試すようなことばかりしていた。相手から捨てられるのだったら、自分から別れを切り出す方がマシ。【体験談②】

いつも誰かに気を使っていて、いつも誰かに何か（悪いこと）を言われて、いつの間にか何をするにも人目を気にするようになり、実際に思い切ったことをしても、そこで問題が起きるとすぐやめてしまうようになりました。そして30歳に差し掛かるころはわたしの母と主人との間でもめ事が起きるようになり、気が気ではなくなる毎日を過ごすようになりました。【体験談⑥】

恋愛至上主義のわたしは非常に疲れはてたのです。愛情表現が少ないと、どう思われてるのか？　他の女性といるんじゃないのか？　色んなことを疑い出したらキリがない状況で、異性に依存していました。【体験談⑦】

これらは、すべて「今」「ココ」「自分」にいないことから起きていたことにお気づきでしょうか。

過去のネガティブな記憶から、まだ来ていない未来をネガティブな方向に想像して怯えているのです。

外からのいらない情報に惑わされないためにも、地に足をつけて自分軸で生きていくのです。

2 ― 怒り・被害者意識

日本人は、怒りの感情をコントロールするのが不得意です。怒りが湧いても、我慢して抑え込んでしまう人がほとんどです。

アンガー・マネージメントは、専門の本がベストセラーになるくらい重要です。ヒステリーな人は、自分が怒りを抱えているとすぐにわかりますが、実は、自覚症状がなく、一番わかりにくく、危険なタイプが、我慢強い人たちです。

この人たちは、常に我慢しているので、自分が怒りを抱えていると気づいていません。我慢が日常化しているので、自分が我慢していることすら気づいていない人もいます。

愚痴や不平・不満が多く、ストレスを抱えています。身体に肌などの病気として表現する人たちもいます。

被害者意識が強いので、正義感が強く、陰謀論を好む傾向にあります。

自分の周囲に怒りを出す人がいるので、あんな風にはならないと思って我慢しているのです。

わたしのおススメは、自分のなかにある怒りを吐き出すことです。自分が怒ってもいいことを自分に許可するのです。

もちろん、直接相手に言ってしまったら、それはマナー違反です。「現実が動く実践ワーク」を使って、自分のなかにある怒りを解放してあげてください。それが健全なアンガー・マネージメントです。

もうひとつ、怒りに関して面白い傾向があります。怒りや被害者意識の強い人は、幼少期に怒りをぶつけられた人たちが多いのです。親がＤＶだったり、ヒステリーだったりした人が多く、最初は被害者でした。

ところが、大人になって家庭を持ち、子供を持つと、自分が親になったら、子供には優しく接しよう、親みたいにはならないと誓ったはずなのに、気づいたら親と同じことをしてしまう、つまり、叩いたり、ヒステリーになってしまったり、ということがよくあります。被害者が加害者になってしまうのです。実は、被害者と加害者は、同じエネルギーなのです。

なぜなのでしょうか。

人間は、イメージできないことは、実際にできないという習性があります。つまり、体験していないことはできないのです。親に優しくされなかった人には、子供には優しくできないのです。反面教師ということも稀にありますが、わたしの経験では、5％ぐらいの人しか、親を反面教師にできないのです。

この状況を変える唯一の方法は、「現実が動く実践ワーク」をすることです。

さて、体験談に以下のようなくだりがあります。

わたしは、小さい時から本当にこの両親から生まれた子どもなのか？　いつかこの人を殺してやるという憎しみが凄かったです。【体験談①】

父は、飲む・打つ・買うの人だった。それだけでも最悪なのに、わたしに性的ないたずらをしていた。【体験談②】

父はアルコール中毒だったため、幼い頃から父にお酒を買いに行かされ、度重

なる暴力を受け、時には病院での治療を必要とする程でした。わたしはある時期まで男の子として育てられ、女の子としての自己存在が抑圧されました。妹と容姿を比較されたため、わたしは自分を醜いと思うようになりました。それなのに父からは性的ないたずらも受けました。【体験談④】

これらに共通することは、自分が怒りを抱えていることに気づいていないということです。怒りを抱えている人とは、怒りをぶつけている人と思いがちですが、むしろ危険なのは、怒りをぶつけられてそれを我慢して怒りを受けとめている人の方なのです。人に言えない話ばかりなので、怒りを吐き出すことができず、ますます被害者意識が膨れ上がってしまうのです。だからこそ、健全なアンガー・マネージメントが必要なのです。

「現実が動く実践ワーク」を使って、自分のなかにある怒りを解放してあげてください。

3 ― 我慢・頑張る

我慢して頑張ることは、多くの日本人は美徳だと思っています。

我慢して頑張っていると、いつか報われるというのが普通の日本人の考えでしょう。ですが、わたしは、そうは思いません。

なぜなら、我慢・頑張ることのご褒美は、次の我慢・頑張ることだからです。

神様という存在があるとします。その神様がみなさんを天から見ているとします。すると我慢して頑張っているあなたの姿が見えるわけです。神様が住む世界はすべて完璧なので、良い感情、悪い感情というものはありません。みなさんの姿を見て、神様はどう思うでしょうか。「いつも我慢して頑張っているところを見ると、よほど我慢・頑張ることが好きなのだな。よし、では、次の我慢・頑張れることを起こしてあげよう」ということで、次から次へ我慢して頑張ることが起きるのです。（なお、忙しくしていても、夢中になっていて「疲れない」場合は、「頑張っている」ことではありません）

では、どうしたらいいのでしょうか。

それは、我慢して頑張ることをやめればいいのです。

「状況で我慢して頑張るしか仕方がないのです」「できればやめたいですよ。でも、それができないから困っているのです」と言われそうですが、これではいつまで経っても同じ状況が続くでしょう。

さて、我慢して頑張ることをやめることを決意したとしましょう。例えば、この本を読んで納得し、そうしようとします。ところが、我慢して、頑張ることを、どうしてもやめられないのです。

なぜ、でしょうか。「性格だから仕方がない」のでしょうか。

人間には、持って生まれた性格なんてありません。考えてみれば、すぐにわかるのですが、「我慢している赤ちゃん」「頑張る赤ちゃん」はいるでしょうか。いませんよね。つまり、性格とは、幼少期の記憶（ほとんどが親との記憶）から形成されてしまうのです。性格とは、記憶の集合体なのです。逆に言えば、記憶を手放せば、性格は変えられるのです。

「我慢・頑張る」性格は、自分は「我慢して頑張らなくてはいけない」と幼少期に決めた体験があるからです。

それが「罪悪感・自己否定」「無価値感・劣等感」の記憶です。「自分は罪深いから我慢して頑張るしかない」「自分は価値がないから我慢して頑張るしかない」という記憶です。次の④「罪悪感・自己否定」、⑤「無価値感・劣等感」の大元になった記憶（これを「原体験」と呼びます）を手放すことによって、「我慢して頑張る」性格が緩和されていきます。

さて、体験談に以下のようなくだりがあります。

どこの仕事やアルバイトをしても、最初は優しくしてくれて、とても良い人間関係のはずが、気づいたら上司や先輩がパワハラするようになり、男性同僚とトラブルになり、サービス残業が当たり前のような働き方に環境が変わっていくのです。【体験談③】

幼いころから両親のケンカが怖くて顔色をうかがっていた自分。仲良くなってほしくて、無理に笑いを取ってご機嫌を取ろうと頑張っていた自分。（中略）そ

れでも親に笑顔になってもらいたくて頑張っていたけど、そんな努力はむなしく状況は悪化するばかり。【体験談⑥】

わたしは人と話すことが非常に苦手で、学校でも一人ぼっちで、わたしも学校なんて行きたくなかったのですが、我慢して頑張って学校に行っていました。小中高と行きたくないと思いながら通う日々は地獄でした。頑張って学校に行っているのに、両親は褒めてもくれない。【体験談⑦】

これらに共通することは、我慢して頑張っていると、いつか報われる日が来るのではないかと期待してその状態を続けてしまうということです。

ところが、期待に反して、さらに次の災難がのし掛かってくるのです。つまり、我慢して頑張ることのご褒美は、次の我慢して頑張ることなのです。

真実の処方箋は、我慢して頑張らないといけないと思い込んでしまった記憶を手放し、我慢して頑張ることをやめることなのです。

4 ― 罪悪感・自己否定

日本人の多くが罪悪感は悪いことではないと思っています。罪の意識を感じることによって、反省することができるし、自制できるから良いことだと思っている方が多いと思います。

しかし、この罪悪感が人生の足を引っ張っているとしたらどうでしょうか。

それは、罪悪感が自分を攻撃するという現象です。たぶん、こんなことを発見したのは、わたしぐらいでしょう。「悪人を懲らしめたい」と思うのは自然の感情だと思います。他人に対してならまだしも、自分に対して、罪悪感が起こしている現象があるのです。

それが、自分で自分に罰を与えるという現象です。

例えて言うと、韓国の歴史ドラマや大河ドラマで、主人公が罪人として捕らえられ、籠のようなものに入れられて、流刑地に流されて行くシーンを思い浮かべてください。

そのシーンでは、見物に集まった平民たちが石を主人公めがけて投げつけたり、唾を吐きかけたりということが起きます。あのシーンの主人公に自分がなったと考えてください。

悪いことをした犯罪人を懲らしめたいと、誰もが思うことだと思います。でも、それを自分に対しても、無意識にやってしまうのです。困ったことに自動設定になっている人がほとんどなので、罪の意識を感じると、人間は自分で自分に罰を与えてしまいます。

その証拠に想い出してほしいのです。病気になったり、トラブルが起きたり、怪我をしたときの少し前に罪悪感を抱いていたことはありませんか。「悪いなあ」「申し訳ない」という感情も危ないのです。

因みに、罪悪感を感じるとなりやすい病気は、わたしの経験では、糖尿病、腎臓病、リュウマチ、膠原病などのゆっくり自分を殺していく病気です。

さらには、自己否定はもっと怖いです。

罪悪感がずっと酷くなって自己否定までいってしまうことがあると思います。あるいは、最初から自己否定から入る人もいます。

自己否定とは、「自分なんかいない方がいい」「生きる価値がない」という感情なので、激しいトラブルや病気や事故に巻き込まれる可能性があります。自己否定は絶対にしないでください。

因みに、自己否定をすると、もっと怖い病気になりがちです。つまり、素早く自分を殺していく病気です。

そもそも、この宇宙は完璧に創られているので、罪は存在しません。どんな酷いことをしたわたしでも、どんなダメダメなわたしでも、そのままで完璧なのです。ありのままでいいのです。

さて、体験談に以下のようなくだりがあります。

母はわたしを置いていってしまった。別にご飯も作らなくていいし、一緒に住まなくてもよかった。どこかで生きているだけでよかった。せめて、声だけでも聞きたかった。自死は残された家族が、自分を責め続ける。どうして気がついてあげられなかったんだろう？　あの時、こうしてれば、防げたのかも？　わたしは、自愛メソッドに出会って自分がずーっと母に対する罪悪感を持っていたことに気がついた。【体験談②】

でも、そんなわたしの願いはむなしく、主人は結婚21年目の年にわたしの留守中に電気コードで首をつっていました。東日本大震災後の不安で主人の鬱は再発していました。わたしが殺したんじゃないか？　とずっと自分を責めていた【体験談⑤】

こんなに立て続けにみんな自死。ありえないし、もちろん自死だなんて周りの人には言えません。親戚、上司、限られた人にしか言えず、言葉にすることすらはばかられます。常に心の奥底に、わたしのことなんか誰もわかってくれないという思考と罪悪感が付き纏い、頑張って生きないといけない状態となり、もういっそのことわたしも死んでしまおうという思考に何度も駆られました。【体験談⑦】

何か悪いことをした、何か失敗しただけが罪悪感ではありません。誰か、とりわけ家族を幸せにできなかったという罪悪感は、一生ついて回ります。特に家族の自死については、大きなトラウマとなってしまいます。この罪悪感を手放すのがとても難しいときは、勇気を出してわたしのところに来てください。

我慢して頑張ってしまい、自分ファーストができない原因のひとつに「罪悪感・自己否定」があります。自分は悪い存在だから、我慢して頑張らなくてはならないのです。そして、もう一つが、「無価値感・劣等感」です。自分は価値がないから、我慢して頑張らなくてはならないのです。すべてのネガティブな感情の根底にあるものと言っていいでしょう。

5 無価値感・劣等感

無価値感とは、どこから発生する感情でしょうか。

それは、「わたしは愛される価値がない」という感情です。「愛される価値がない」から「一人で放置される」と人間は思い込みます。つまり、「寂しさ」＝「無価値感」なのです。

無価値感は、人間が最も感じたくない感情のひとつで、心の奥底にあります。

無価値感を感じると、自己肯定感が下がり、自信もなくなります。経済的にも健康的にも問題を抱えがちです。

無価値感に比較が加わるとそれが劣等感になります。よくあるのは、兄弟姉妹がいて、

「妹はずるい」「お兄ちゃんばかり褒められる」「お姉ちゃんはお母さんのお気に入り」「弟には甘い」など、親の愛情を奪わたり、自分よりも他の兄弟姉妹の方が大切にされたと思い込むことが始まりです。

一人っ子でも、従妹と比較された、友達と比較された記憶があると、それが劣等感となります。

劣等感を持つと、他人と比較をすぐにしてしまい、他人に嫉妬したり、ＳＮＳが気になったりします。承認欲求が強いので、資格マニアにもなります。

さて、「無価値感」は「寂しさ」なので、わたしたちは、そんなにネガティブな感情だとは気づいていません。虐待を受けたり、ヒステリックに怒られたりするのは、ネガティブな記憶だとすぐにわかるのですが、「寂しさ」については、さほど危険な感情だとは思っていません。

ですが、わたしに言わせれば、最も気づきにくく、最も危険な感情が「寂しさ」なのです。「寂しさ」を紛らわすために、忙しくなります。「忙しい」＝「やることがたくさんある」、つまり「価値がある」と錯覚するからです。そして、やたら他人の世話をします。

「人の世話をする」＝「人から求められる」、つまり「価値がある」と錯覚するからです。人の世話をするのが生きがいとなり、周囲に可哀想な人や病人を無意識に創り出します。

このようにとても危険な感情が「寂しさ」＝「無価値感」なのです。

さて、体験談に以下のようなくだりがあります。

母は、「あんたの顔なんて見たくない」「あんたなんて産まなきゃよかった」「あんたの顔見ると腹立つ」「2m以内に近づくな」と機嫌が悪くなると怒り出し、暴力もたえませんでした。暖かく抱きしめてもらった記憶もありません。【体験談①】

わたしは幼い頃から吃音に悩まされていました。小学校に入学してからは男子に吃音を真似され、授業中に本の音読ができずに恥ずかしい思いをしました。（中略）高校に進学してからは女子たちからも吃音を真似され、からかわれるようになり、いじめの対象となりました。【体験談④】

東京大学に現役で合格したので、さらに弟は親の自慢になり、周りの人たちもわたしと区別するような発言をするようになりました。大学院に行く話が出て父は定年を延長することにもなり、弟のためならばなんでもするんだなぁと見ていました。【体験談⑤】

無価値感・劣等感を持つ原因はさまざまです。【体験談①】のケースは、愛されていないと感じることが「愛される価値がない」と解釈され、それが無価値感となります。【体験談④】のように身体的特徴や能力から劣等感に繋がる場合もあります。【体験談⑤】のように、親が他の兄弟姉妹にかかりっきりだと自己価値が下がり、比較から無価値感・劣等感になります。天才だけでなく、兄弟姉妹に難病や障害がある場合も、自分が親から大切にされていないと感じ、無価値感・劣等感になるのです。

第５章
自愛メソッドQ＆A

魚は水が見えない。
鳥は空気が見えない。
人間は自分が見えない。

1　自信がない

Q　意見を求められたり、発表したりするのが怖い。これでいいのかと不安。

A　自信がないのは幼少期に親から意見を否定されたり、過保護だったりしたことが原因です。自分の意見に自信が持てないのです。またはすべて親が決めてしまっていたので、自分の意見は間違いではないかと不安になり、自分の意見を決められないのです。

対処法　**幼少期に親から否定された記憶を手放してください。**

2　人の意見に影響されやすい

Q　自信がないので、強く言われるとそうかなと流されてしまう。

A　自信がないのは幼少期に親から意見を否定されたり、過保護だったりしたことが原因です。自分の意見に自信が持てないのです。またはすべて親が決めてしまっていたので自分で決められないのです。

対処法 **幼少期に親から否定された記憶、過干渉された記憶を手放してください。**

3 ― 人の目を気にする

Q どんな風に思われるかが怖い。良く思われたい。

A 幼少期に親の顔色をうかがっていたので、人に嫌われることを極度に恐れるのです。

対処法 **幼少期に親に対して顔色をうかがっていた（怒られるのではないかとビクビクしていた）記憶を手放してください。**

4 ― 自分のやりたいことがわからない

Q 自分が本当に好きなこと、やりたいことがわからない。

A 親が過干渉だったり、否定ばかりされていたので、親に褒められることだけ、怒られないことだけをやっていて、自分の意志がなかったのです。結果として、自分が本当にやりたいことがわからなくなってしまったのです。

対処法 **幼少期に親から過干渉された記憶、否定された記憶を手放してください。**

5 ― 自分のために生きられない

Q

A

人に尽くすのはできるが、自分はいつも後回し。

親、兄弟姉妹の機嫌を取ったり、世話をしたり、間を取り持ったりしていたので、それが癖になっているのです。偉大な調整役です。しかし、自分自身は後回しにしてしまうので幸せにはなかなかなれません。

対処法 **幼少期に家族に対して顔色をうかがって調整していた（相手によって態度を変える）記憶を手放してください。**

6 ― 認められたい

Q SNSでキラキラする写真を上げていたり、成功したりしている人がいると、うらやましい。

A 兄弟姉妹がいて、うらやましく思っていたのです。一人っ子でも従兄や近所の子供と親に比較されていたのではないでしょうか。親が自分だけ褒めてくれなかったので、承認欲求が強いのです。だからすぐに比較しまう癖があるのです。

対処法 **幼少期に親が褒めてくれなかった（他の兄弟姉妹には甘い）記憶を手放してください。**

7 職場で孤立している。いつも誰とも仲良くできない

Q 人付き合いが苦手。いつも職場で孤立している。

A 幼少期に親から否定ばかりされて育つと、人が怖くなり、他人と人間関係を築くのが難しくなります。

対処法 **幼少期に親から否定されていた記憶を手放してください。**

8 上司がパワハラ気味

Q 上司が怖いときがある。重箱の隅をつつくような注意をする。

A 親の記憶が投影されています。親のなかで、細かく口をはさむ人はいませんでしたか？　否定され怒られていませんでしたか？　その記憶を手放せば、改善されます。

対処法 **幼少期に親からこうるさく注意されていた記憶、否定され怒られていた記憶を手放してください。**

9 会社に行きたくない

Q 早起きが苦痛。全身がだるい。1日が終わるとぐったりする。

A 会社とは人間の集合体です。会社が嫌いということは会社の人間関係が苦痛という場合がほとんどです。親の記憶が投影されている可能性があります。母親と合わないと会社の女性たちと、父親と合わないと会社の男性たちと関係を保つのが難しいです。親の記憶を手放すと、改善されます。

対処法

幼少期に親から否定されたり、過干渉だったりした記憶を手放してください。

Q 10 妻が口うるさい

A

妻が心配性で口うるさくいろいろ言って疲れる。

一般的に母親の記憶が重いと、女性との人間関係に苦労します。男性の場合は、母親の記憶が重いとパートナーシップに問題が現れます。幼少期に母親が心配性で口うるさいと、結婚した奥さんに母親の記憶を投影するので、段々と心配性になり口うるさくなっていきます。

対処法

幼少期に母親から心配され、うるさく言われていた記憶を手放してください。

11 ― 夫がモラハラ気味で関係が良くない

Q 夫が暴言を吐いたり、モラハラ気味で、関係が悪い。

A 一般的に父親の記憶が重いと、男性との人間関係に苦労します。女性の場合は、父親の記憶が重いとパートナーシップに問題が現れます。幼少期に父親が暴力的で高圧的だと、結婚したご主人に父親の記憶を投影するので、段々と高圧的になりモラハラ気味になっていきます。

対処法 **幼少期に父親が暴力的で高圧的だった記憶を手放してください。**

12 ― 人間関係でいつも我慢している

Q 家庭や職場でいつも我慢して損な役ばかりしている。

A 長男・長女や、それ以外でも調整役をやっていた人は、我慢してしまう傾向があります。家族のお世話役で、我慢してばかりで、自分の幸せは後回しです。

対処法 **幼少期から、大変そうだった家族を助けるために、自分のことを我慢し**

ていた記憶を手放してください。

13 ― 職場に要領のいい人がいて我慢できない

Q

職場で要領のいい人がいて、わたしばかり怒られたり、仕事を押し付けられたりする。

A

幼少期に兄弟姉妹がいて、他の兄弟姉妹と比較していた記憶があります。要領のいい兄弟姉妹がいて、親の愛情を奪われた記憶があり、それが許せないのです。特に、長男・長女には、お姉ちゃんだから、お兄ちゃんだからと、我慢させられた記憶もあります。

対処法 **幼少期に、要領のいい兄弟姉妹がいて、わたしばかり怒られたと思っている記憶を手放してください。**

14 相手に悪いとつい思ってしまう

Q 気を使って、甘えたり、頼ったりすることができない。人に頼めず、なんでも自分一人で抱え込んでしまう。

A 幼少期に親の顔色をうかがっていたので、人に嫌われることを極度に恐れるのです。だから人に頼めずに何でも一人でしてしまうのです。

対処法 **幼少期に親の顔色をうかがい、甘えることができなかった記憶を手放してください。**

15 他人の欠点が目に付く

Q 大して可愛くないのに、ぶりっ子してるバカがいる。

A 親がよく他人の批判をしていたり、自分に対する批判をされたりしていた人は、同じように他人の欠点が目に付きます。～しなければならない、～すべきだという思考があるのです。

対処法　**幼少期に親がよく他人のことを批判していた記憶を手放してください。**

16　人に合わせてばかり・・・

Q　自分の本音が言えず、遠慮ばかり。

A　幼少期に本音を言ったら、親に酷く怒られた記憶のある人は、人に対して怖くて本音が言えません。相手の裏の意図を探ります。

対処法　**幼少期に本当のことを言ったら親に酷く怒られた記憶を手放してください。**

17　わがままが許せない

Q　自己中心的な友達がいてイライラする

A　我慢している人は、自分が我慢をしていることを相手がすると許せません。そして、我慢していることにも気づいていない人が多いのです。

対処法 **幼少期に、甘えることを我慢して、いい子をしていた記憶を手放してください。**

18 ― マウントされやすい

Q ジャイアンみたいな人によくからまれる。

A なぜジャイアンみたいな人がよく現れるのかというと、最初の記憶は親なのです。親のどちらかがマウントをとる人だったので、その記憶が再生しているのです。親の記憶を手放すと、マウントする人はいなくなります。

対処法 **幼少期に、親にマウントされていた、親の言うことを押し付けられていた記憶を手放してください。**

19 ― 自分の意見が言えない

Q 人前で話すのが苦手。うまく意見をまとめられない。

A 幼少期に大勢の前で発表することがあって、それで大失敗した記憶があるので、その記憶が再生されているのです。その記憶を手放せば、あがることがなくなります。

対処法 **幼少期に、学校の授業や学芸会での発言や発表が、うまくできなかった記憶を手放してください。**

20 なんとなくいつも寂しい

Q グループ分けで最後まで残る。大勢の中で孤立している。

A 幼少期に寂しかった記憶があるのです。親と離れて暮らしていた、鍵っ子だった、祖父母や近所のおばさんの家に預けられていた、親が自営業をしていたのでそばにはいたがいつも忙しく孤独だったという記憶がある人は、どこにいても寂しくなるのです。その記憶を手放せば、寂しさは緩和されます。

対処法 **幼少期に、とても寂しかった記憶を手放してください。**

第6章
あなたは欠陥人間ではない

毒親には毒親になる理由がある

「わたしって毒親なの？」

「毒親」という言葉は、１９８９年にアメリカのセラピストのスーザン・フォワードが作った言葉です。

日本では、儒教の影響で、「親は敬うべきもの」「親に感謝しよう」という考えが一般的だったので、親のことを否定するフォワードの本が翻訳されるまでに、実に10年以上の年月が必要でした。

しかし、今では「毒親」という言葉は日本でも浸透し、カウンセラー業界、出版業界では大きなジャンルとなるぐらいブームとなっています。

すると不思議なことに、「毒親」という言葉が独り歩きして、別の問題が起き始めます。「自分が毒親ではないか」と、今度は親たちが心配をするようになったのです。

つまり、新しい親の悩みです。

「わたし毒親なの？」「毒親やめたいけどやめられない」「わたしって欠陥人間なの？」という問題です。実は、この悩みを抱えている方は少なくありません。

「子供に優しくできない」「子供にハグできない」「子供に添い寝ができない」「わたしって異常な親なの？」「毒親とまでいかないけどマイルド毒親かも」と悩む親御さんたちもたくさんいます。

わたしは、「あなたには問題はありません」と断言します。

まず、第一に、わたしは、「毒親」たち、「毒親育ち」の人たちをたくさん観察して来ましたが、「毒親」の最大の特徴は、自分のことを絶対に「毒親」だと認めないことです。ですから、「毒親ではないか心配」という時点で、「毒親」ではありません。少なくとも「毒親」から脱しようと努力している元「毒親」です。

ここがいわゆる本当の「毒親」とは根底で異なりますから、安心してください。

次に、言動は「毒親」的だったり、「毒親」風だったりするのかもしれませんが、「どんなわたしも完璧」なのです。「毒親」もまた完璧なのです。

「子供に申し訳ないことをした」「自分がしたことをとても後悔している」「自分のことを許せない」と自分を責めるのではなく、過去のわたし、過去にわたしがしたことも「完璧だった」と認めてあげましょう。最後に、本当に「毒親」だとしても、毒親になったのは、記憶の再生が原因なのです。わたしたちの性格は、幼少期の両親との記憶の中で、形成されていきます。生まれつき「毒親」だったわけでも、「毒親になる素質」があったわけでもありません。

「毒親になってしまった」のにはそれなりの理由があるのです。毒親もまた被害者だったのです。

毒親の特徴と毒親になったわけ

ここで、毒親の7つの特徴を述べます。

1 ― 心配性

心配ばかりされて育った子供は、親から信頼されていないと感じるので、自己肯定感が低く、自信がありません。

2 ― お世話好き

世話を焼かれることに子供が慣れてしまうと、ますます何もできない依存心の強い子供になってしまいます。

3―欠点を直そうとする

欠点にフォーカスしていると、欠点がますます気になり、どんどん酷くなっていきます。そして、欠点の直し方がエスカレートするのです。

4―比較する

子供は比較されると傷つき、劣等感の強い子供になってしまいます。特に兄弟姉妹との比較はNGです。

5―褒めない

褒めてもらえないので、子供は今のままでは自分は不十分だと思い、自信がなく、自己肯定感の低い子供に育ってしまいます。親に褒めてもらいたかったので、大人になると、承認欲求の強い大人となり、資格マニアになりがちです。

6―コントロールしようとする

子供は一人の「個人」です。親とは別の「人格」があり、性格も、趣味も、嗜好も、考え方も親とは違っていて当たり前です。子供をコントロールするのを止めて、子供の「個性」「人格」を認めてあげましょう。

7 ― 否定する

「できっこない」「あなたには無理」のような言葉を発していると、自信のない子供になってしまいます。

このような「毒親」に育てられた子供は、親になるとほとんどの人が同じようなことを自分の子供にしてしまいます。多くの毒親に育てられた子供たちは、大人になったら、親と同じことはしまいと思うのですが、気づいたら同じことをしていたという方がほとんどです。

あるいは逆に、親がまったくのネグレクト（育児放棄）だったという方もいます。その場合は、同じような寂しい想いを子供にはさせまいと思い、過剰なまでに愛情を注ぐ、つまり過干渉になってしまうのです。

このように毒親は、親から子供へ、子供から孫へ、と引き継がれてしまうのです。

毒親には、毒親になるわけがあったのです。

なぜ人間は同じことをしてしまうのか

毒親の親もまた毒親だったと言いました。では、なぜ同じことをしてしまうのでしょうか。これを人間の習性から読み解いていきましょう。人間は、体験してしないことはできないという性質があります。つまり、イメージできないことはできないのです。わかりやすく「食べず嫌い」の話で説明しましょう。幼少期に食べたことがないものを嫌いになることを「食べず嫌い」と言います。例えば、幼少期にニンジンを食べたことがないと、ニンジンが嫌いになるという現象です。

同じように、叩かれて育った子供は、叩かないで育てる方法がわからないので、子供を叩いてしまうのです。厳しく育てられた子供は、優しく育てる方法がわからないので、子供に無意識に厳しくなってしまうのです。

これが、「自分は親のようにならない」と思っていても、結局は、同じような親になってしまう原理なのです。意志がとても固く、反面教師として同じことをしない方もいるのですが、どちらかと言うと少数派です。わたしの感覚で言うと、5%ぐらいでしょうか。

このことを、別の側面から見ていきましょう。人間は、自分が体験したことを当たり前だと思ってしまいます。そこで、よくあるのが「自分が我慢していたことを子供がすると許せない」という現象です。

自分が毒親から言われて我慢してできなかったことを、親という立場に立つと、どう思うかということです。

自分が我慢してできなかったことを子供に自由にさせるという人は、どちらかといえば少数派です。

親になって、自分が我慢してできなかったことを、子供がしようとすると、「ワガママ」だと言ったり、「無理だ」「できない」と言ってやめさせたりすることが多いのです。

そして、よく考えると、結局は「毒親」と同じことを子供に押し付けています。なんだか、矛盾していますよね。

これが、自分がやりたくても我慢してできなかったことを、子供にも当然のこととして、我慢させるという心理です。

これは、自分の子供に対してだけではありません。身の回りに、自分が我慢してできないことを自由にしている人を見つけると、「自由奔放だ」「常識がない」「あんな風になりたくない」と言って批判したり、心のなかでジャッジしたりするのです。

これも、自分の過去の体験からきていることなのです。

学校では教えない親業

このように幼少期の記憶によって、毒親になってしまうのです。

そして、毒親になってしまうのは、わたしは、ある意味で仕方のないことだと思っています。

なぜなら、誰もが初めて経験するのが「親」だからです。「はじめてのお使い」ならぬ「はじめての親」なのです。だから、子育ての間違い、失敗は、当たり前なのです。誰もが経験する道なのです。試行錯誤もあるでしょう。

自転車の乗り方でも、泳ぎ方でも、最初は誰かが教えてくれます。

ところが、人類の種の保存のために、人類にとって最も大切な仕事である「親のやり方（親業と言います）」を、わたしたちは誰からも教わりません。なぜか誰も教えてくれないのです。

親のやり方は、学校では教えません。親のやり方は、自分の親の背中から学ぶしかないのです。

だから、「毒親」に育てられた子供は、そのやり方しか知らないので、自分が親になると「毒親」になってしまうのです。

傷つけられた子供は、今度は傷つける親になってしまうのです。被害者は加害者になるのです。では、どうしたらいいのでしょうか。


まず、やってしまったことは、訂正することができます。子供に対して、間違ってやってしまったこと、傷つけたと思ったこと、厳し過ぎたと思ったこと、そう感じたものがあるならば、謝ってあげるのです。その上で、「とても大事に思っている」「心から愛している」と伝えて、ハグしてあげてください。

次に、今後のことですが、自分の言動は、性格だから変えられないとあきらめないでください。解決法はあります。

人間には、もって生まれた性格なんてありません。わたしたちは、生まれたときは、純粋無垢な赤ちゃんとして生まれてきます。それが幼少期の親との体験のなかで、性格が形成されていくのです。つまり、性格とは、記憶の集合体なのです。逆に言えば、記憶を手放せば、性格は変わります。

　例えば、優柔不断な人、決められない人は、幼少期に親にコントロールされ、親に決められていた記憶がある人です。先に決めても、後で親にひっくり返されるので、決められなくなってしまったのです。親に過干渉にされていた記憶を手放せば、優柔不断が改善するのです。このように毒親の連鎖をあなたの代で、断ち切ってください。負のループを終わりにしましょう。

自愛メソッド

宇宙にたった一人の尊い存在である
あなたを愛してあげなさい。

とても簡単な瞑想です。
朝起きたときに、寝る前に、
何かを始める前に、
何かを終えたときに行うと、
クリアな状態になることができます。

自愛メソッド
ハート編

1 心臓もしくはハートチャクラの上に手をおく

▷左右のどちらの手でもよい。両手でもよい

2 ゆっくりと深呼吸ををする

▷鼻から吸って鼻から吐く

3 息を吐くときに「愛しています」と
心の中で1回唱える。それを11回繰り返す

▷「愛してるよ」でも「大好きだよ」でも
自分が言いやすい言葉なら何でもよい

※おもに顕在意識の自分と肉体、
そして感情のクリーニングに関して、効果があります。

自愛メソッド

海馬編

1 頭の後ろに手をおく

▷うなじの少し上。片手でも両手でもよい

2 ゆっくりと深呼吸ををする

▷鼻から吸って鼻から吐く

3 息を吐くときに「愛しています」と
心の中で1回唱える。それを11回繰り返す

▷「愛してるよ」でも「大好きだよ」でも
自分が言いやすい言葉なら何でもよい

※おもに潜在意識の“自分”のクリーニングに関して、
効果があります。

自愛メソッド
宇宙編

1 リラックスして肩の力を抜いて 両手を広げ、手のひらを上に向ける

2 ゆっくりと深呼吸をする

▷鼻から吸って鼻から吐く

3 宇宙の中心のビックバン(ゼロポイント)から無限の愛のエネルギーが降りてくるイメージをする

▷イメージするのが難しい場合は
ただ宇宙を意識するだけでよい

4 息を吐くときに「愛しています」と心の中で1回唱える。それを11回繰り返す

▷11回以上そのまましばらく続けていてもよい。
宇宙からエネルギーがどんどん降りてきます

※顕在意識、潜在意識、肉体、
そしてすべての存在に対するクリーニングに関して、
効果があります。

おわりに

構想2年、7年ぶり7冊目の刊行となりました。いかがでしたでしょうか。非常に完成度の高い「自愛メソッド」の決定版とも言える本になったと思います。この本を読んで「現実が動く実践ワーク」をやっていただければ、現実を動かすことができると思います。そのように最善の努力を重ねてこの本を書かせていただきました。

前作「自分を愛する教科書」も完成度の高い本でしたが、「現実が動く実践ワーク」のやり方のポイントや注意点などの細かい点が足りなかったように後日感じました。本書は、漏れがないように最新の注意を払って、「現実が動く実践ワーク」を、読者が一人で実践できるようになっています。

もし、それでもどうしても現実が動かなければ、どうぞ遠慮なく各種のSNSのライブなどでご質問ください。それでもわからなければ、リーズナブルな「自愛ZOOM合宿」へご参加ください。体験談では、その後に少数精鋭の上級セミナーを受けた話が掲載されていますが、なるべく各種セミナーを受けなくてもいいように、本書では微に入り細に入り、疑問点がクリアになるように書かせていただいたつもりです。

スピリチュアルは、現実が動かなければ、何の意味もありません。ただの気休めです。依存と逃避だけです。

本書は、現実を動かすこと、ただそれだけを意図して、書かせていただきました。


最後に、この本を選んで読んでくださったすべての人に感謝します。また、感動的で壮絶な体験談を書いてくださった7人の自愛メソッドの実践者の方々に感謝します。この赤裸々な体験談で多くの人が勇気づけられることでしょう。また、最後の「自愛メソッド」で、素敵なイラストを描いてくれた桑原香さんに感謝します。

出版にあたって大変お世話になった「みらいパブリッシング」の田中むつみさん、近藤美陽さん、角川フォレスタの編集長時代から大変お世話になっている出版コンサルタントの「Jディスカヴァー」城村典子さんに感謝します。

いつも僕を支えてくれているナチュラルブリーズのてっちゃん、一緒にセミナーの企画実施をしてくれている陽子ちゃん、ありがとう。

そして、最愛の妻である弘子と、長女のゆいちゃん、長男のとも君、ありがとう。愛しています。

みなさんの現実が動くことを祈りつつ。

開運堂どんどん

開運堂どんどん（河合政実）

自愛メソッド創始者。《自愛塾》主宰。
ナチュラルブリーズ合同会社 社長
1959年11月11日 横浜生まれ。

厳格な経営者の父、統合失調症の母と兄の家庭に育った関係から、家族に振り回され、他人軸の性格になる。大学卒業後大手銀行に勤務。経営者だった父の死去により、24歳で3代目の経営者となるが、経営の行き詰まりをきっかけに、30歳より自分探しの旅に出る。20年間、3000万円以上の費用をかけ、様々な自己啓発セミナー、宗教、霊的修行、瞑想などに傾倒し、ワンネス体験も経験。そこから世界的なNGOの理事長なども務め、自分や家庭はいつも後回しの状態。49歳のとき、重度多肢心筋梗塞なり、3か所の心臓バイパス手術を受け、臨死体験から自分を愛することに目覚め、集大成として自愛メソッドを創始する。
主な著書として、『豊かに成功するホ・オポノポノ』（共著）、『幸せを呼ぶ自愛メソッド』、『自分を愛する教科書』などがある。（すべて「河合政実」名義）

◇ナチュラルブリーズ合同会社
https://www.nb-labo.co.jp/

◇SNSリンクツリー
https://linktr.ee/dondon3428

生《い》きるのが驚《おどろ》くほど楽《らく》になる

自愛《じあい》メソッド 完全版《かんぜんばん》

2023年11月20日　初版第1刷

著者　開運堂どんどん

発行人　松崎義行

発行　みらいパブリッシング
〒166-0003 東京都杉並区高円寺南4-26-12 福丸ビル6F
TEL 03-5913-8611　FAX 03-5913-8011
https://miraipub.jp　mail：info@miraipub.jp

企画協力　Jディスカヴァー

編集　田中むつみ

ブックデザイン　坂本亜樹（デザイン室 白鳥と暮らす）

イラスト　桑原 香

発売　星雲社（共同出版社・流通責任出版社）
〒112-0005 東京都文京区水道1-3-30
TEL 03-3868-3275　FAX 03-3868-6588

印刷・製本　株式会社上野印刷所

ISBN978-4-434-32891-6 C0095